Rezepte mit Joghurt, Kefir & Co.

Gerda Volz

REZEPTE MIT JOGHURT, KEFIR & CO.

FALKEN TaschenBuch

Im FALKEN TaschenBuch Verlag sind weitere Titel zum Thema „Essen und Trinken“ erschienen.
Bitte fragen Sie in Ihrer Buchhandlung.

Unser Beitrag zum Umweltschutz:
Papier aus chlorfrei gebleichtem Zellstoff

Bei diesem Buch handelt es sich um eine überarbeitete und erweiterte Ausgabe des bereits unter dem Titel „Alles mit Joghurt (Nr. 0382) erschienenen Buches.

Die Deutsche Bibliothek – CIP-Einheitsaufnahme

Volz, Gerda:
Rezepte mit Joghurt, Kefir & Co. / Gerda Volz. –
Niedernhausen/Ts. : FALKEN TaschenBuch Verl., 1996
(FALKEN TaschenBuch)
Frühere Ausg. u.d.T.: Volz, Gerda: Alles mit Joghurt
ISBN 3-635-60068-7

ISBN 3 635 60068 7

Umschlaggestaltung: Zembsch' Werkstatt, München
Layout: Kommunikationsdesign dingendorf · posselt, Wiesbaden
Redaktion: Silke von Küster, Wiesbaden/Sabine Weeke
Herstellung: Michael Greiss
Titelbild: Image Bank, München/Paolo Curto
Zeichnungen: Ute Dreyspring, Oberjosbach
Satz: Raasch & Partner GmbH, Neu-Isenburg
Druck: Paderborner Druck Centrum

817 2635 4453 6271

Inhalt

Joghurt, Kefir & Co. – Frisch, leicht und gesund

Sauermilchprodukte sind ein Stück Gesundheit für unseren Körper, der heutzutage so vielen schädlichen Einflüssen aus der Umwelt ausgesetzt ist. Alles, was in diesen Naturprodukten „lebt“, dient unserem Wohlbefinden.

Gehaltvoll und doch ein leichter Genuß

Von den besonderen Vorzügen der Sauermilchprodukte seien nur die wichtigsten genannt:

- Sie enthalten besonders hochwertiges, leicht verdauliches **Eiweiß,** das wir für den Aufbau der Körperzellen, als Bestandteil wichtiger Funktionseinheiten, wie Enzyme und Hormone, und für andere Vorgänge benötigen.
- Sie liefern uns die **Vitamine** A, B_1, B_2 und Niacin (siehe nachstehende Nährwertangaben), die den Stoffwechsel fördern, Nervenfunktionen stärken, die Widerstandsfähigkeit erhöhen und Mangelerscheinungen, wie Müdigkeit, Reizbarkeit und Konzentrationsschwäche, vorbeugen.
- Sie enthalten reichlich **Kalzium,** einen Mineralstoff, den vor allem Kinder für den Aufbau von Knochen und Zähnen benötigen und der bei Erwachsenen an wichtigen Lebensfunktionen beteiligt ist und außerdem die Stabilität der Knochen erhält.

Hoher Nährwert und wenig Kalorien

100 Gramm Trinkmilchjoghurt enthalten z. B.:

Eiweiß	4 g
Fett	4 g
Kohlenhydrate	5 g
Energiegehalt	68 kcal
Natrium	48 mg
Kalzium	120 mg
Phosphor	92 mg
Kalium	157 mg
Vitamin A	32 µg (Mai–Nov.)
	20 µg (Dez.–April)
Vitamin B_1	0,05 mg
Vitamin B_2	0,2 mg
Niacin	0,1 mg
Vitamin C	1 mg

- Joghurt, Kefir & Co. bieten **kalorienarmen** Genuß ohne Reue – zum Beispiel als erfrischende Zwischenmahlzeit.

- Sauermilchprodukte sind auch für Menschen, die sonst keine Milch vertragen, **bekömmlich,** weil durch die Säuerung das Milcheiweiß in feine, leicht verdauliche Flocken verwandelt wird. Aus diesem Grund sind sie auch ein wichtiger Bestandteil zahlreicher Diäten.

- Sie üben darüber hinaus einen sehr günstigen Einfluß auf die **Darmtätigkeit** aus: Vor dem Frühstück genossen, wirkt Joghurt mild abführend.

Gut für die Gesundheit

Bei so vielen guten Eigenschaften erstaunt es nicht, daß der Verzehr von Joghurt, Kefir und verwandten Produkten von Jahr zu Jahr steigt. Dabei sind diese Sauermilchprodukte bei uns verhältnismäßig „junge" Lebensmittel. Noch in den dreißiger Jahren wurden sie hierzulande nur von wenigen Menschen gegessen, nicht selten auf ärztliche Verordnung bei Magen- und Darmerkrankungen, wenn es galt, die Bakterienflora im Dickdarm wieder aufzubauen. Auch in der modernen Naturheilkunde schätzt man ihre darmfreundlichen Eigenschaften.
So ist von dem bekannten Schweizer Phytotherapeuten und erfahrenen Kenner von Naturheilverfahren Dr. h.c. A. Vogel zu erfahren, daß beispielsweise die Bakterienkulturen im Joghurt die Verdauung positiv beeinflussen und einen Beitrag zur besseren Resorption (Aufnahme) der Nährstoffe leisten.
Die Gärungsprozesse im Darm, die sich durch übelriechende Stuhlentleerung bemerkbar machen, können durch den Genuß von Joghurt, Kefir & Co. nach und nach beseitigt werden. Um im fortschreitenden Alter der Osteoporose (Schwund der festen Knochensubstanz) entgegenzuwirken, empfiehlt Professor Dr. Günther Schlierf, Präsident der Deutschen Gesellschaft für Ernährung (DGE), täglich 1 Becher Joghurt oder Quark zu essen oder ½ Liter Milch, Kefir oder Buttermilch zu trinken. Um der Verstopfung vorzubeugen, wird zu einer gesunden Mischkost, die reich an Vollkornprodukten, Obst und Gemüse ist, geraten. Und gibt es Probleme beim Kauen, so ist ein Müsli, zum Beispiel mit geraspelten Äpfeln, Bananen, Birnen, feinen Haferflocken, Joghurt, Quark, Dickmilch oder Milch eine schmackhafte Alternative.

Joghurt – ein Geschenk aus dem Balkan

Naturvölkern vom Balkan und Vorderen Orient waren die Vorzüge des Joghurts schon vor Jahrhunderten bekannt. So heißt es, Nomaden transportierten Kuhmilch in Beuteln, die aus Schafsmägen hergestellt waren. Darin enthaltene Bakterien und die Hitze machten aus der Milch Joghurt. Aus dem Vorderen Orient stammt auch die Schreibweise „Yoghurt“ mit Ypsilon. Bulgarien und die Türkei gelten als Ursprungsländer des Joghurts. Dort wurde er früher aus Schafs-, Ziegen- und Büffelmilch auf ganz natürlichem Wege gewonnen. Durch die klimatischen Verhältnisse begünstigt, konnten sich Milchsäurebakterien und andere Bakterienstämme in der Milch gut entwickeln, wodurch sie säuerte und schließlich dickte. Dieser Vorgang ist mit der Entstehung der Sauermilch (Dickmilch) vergleichbar. Der hierzulande aus Kuhmilch hergestellte Joghurt ist dem „Naturjoghurt“ aus Bulgarien und der Türkei durchaus ebenbürtig. Die Joghurtkulturen werden jedoch extra hinzugefügt, und ihr Wachstum wird durch Wärme gefördert. Einer der verwendeten Bakterienstämme mit dem Namen „Lactobacillus bulgaricus“ erinnert an das Ursprungsland Bulgarien.

Kefir – das Getränk der Hundertjährigen

Bei dem Kefir vergären statt der Milchsäurebakterien Kefirpilze den Milchzucker. Ein Teil des Milchzuckers wird dadurch in Milchsäure, ein anderer Teil in Alkohol und Kohlensäure umgewandelt. Der Alkoholgehalt des Kefirs ist gerade ausreichend, um dem Getränk seine typische Spritzigkeit zu verleihen, aber niedrig genug (0,1 Prozent), daß ihn auch Kinder unbesorgt genießen können. Der Kefir kommt aus dem Kaukasus, heißt dort „Kumys“ und wird, aufgrund seines hohen Gesundheitswertes, auch als Getränk der Hundertjährigen bezeichnet. Ursprünglich wurde er aus Stutenmilch zubereitet.

Die übrigen Sauermilchprodukte

Als **Buttermilch** bezeichnet man die Flüssigkeit, die bei der Herstellung von Butter aus Rahm übrigbleibt. Sie hat kaum Fett (maximal 1 Prozent) und dadurch wenige Kalorien, enthält jedoch die übrigen wichtigen Nähr- und Wirkstoffe der Milch. Durch die nachträgliche Zugabe von Milchsäurebakterien erhält Buttermilch ihren erfrischenden Geschmack. Zur Herstellung von **Saurer Sahne** oder **Sauerrahm** wird frische Sahne mit Milchsäurebakterien versetzt. **Crème fraîche** ist ein nach französischem Spezialrezept hergestellter Sauerrahm. Hier wird die Sahne nur schwach durch Milchsäurebakterien gesäuert und durch Verdampfen von Wasser eingedickt. **Quark** zählt eigentlich zum Käse, wird in diesem Buch aber wegen seiner mit den Sauermilchprodukten vergleichbaren Eigenschaften erwähnt und eingesetzt. Beim Quark oder auch Topfen wird die Milch durch Milchsäurebakterien und Lab dickgelegt. Die Molke wird anschließend durch Zentrifugieren von der „Käsemasse“ getrennt. Quark gibt es in acht Fettgehaltsstufen – vom Mager- bis zum Sahnequark.

Superfrisch aus der „eigenen Molkerei“

Exzellenten Joghurt – superfrisch und ohne Zusatzstoffe – können Sie selbst herstellen. Was Sie dazu brauchen, sind lediglich frische Milch, egal ob Mager- oder Vollmilch, und ein Impfjoghurt. Dazu eignet sich frischer, handelsüblicher Joghurt, kein Früchtejoghurt. Wollen Sie ganz sicher gehen, daß Ihr Joghurt gelingt, dann setzen Sie sogenannte Biofermente (gefriergetrocknete Joghurtkulturen in Pulverform) zu, die es im Reformhaus oder von speziellen Versandfirmen gibt. Die Milchsäurebakterien schließen das Milcheiweiß auf. Es gerinnt zu feinen, leicht verdaulichen Flocken. Dadurch ist Joghurt bekömmlicher als Milch, deren Eiweiß nicht aufgeschlossen ist. Joghurt aus der „eigenen Molkerei“ stellen Sie ganz einfach her: 1 Liter Milch wird kurz auf etwa 90 Grad Celsius erhitzt (bei H-Milch ist das nicht erforderlich), um die für die Milchsäuerung unerwünschten Bakterien abzutöten. Anschließend läßt man die Milch auf 40 bis 45 Grad Celsius abkühlen (bei höheren Temperaturen, wie auch bei eiskalter Milch, leiden später die Joghurtbakterien). Dann rühren Sie das Ferment oder 1 Becher Joghurt mit einem Schneebesen sorgfältig darunter, bis alles gut gemischt ist. Die Mischung wird in einwandfrei saubere und vorgewärmte Gläschen gefüllt, diese werden verschlossen und zur Gärung mehrere Stunden lang warmgestellt. Sehr viel einfacher und sicherer gelingt die Herstellung von Joghurt mit einem elektrischen Joghurtbereiter.

Köstliche Speisen mit Joghurt, Kefir & Co.

Was Joghurt, Kefir und die übrigen Sauermilchprodukte bei uns so beliebt macht, sind vor allem die vielfältigen Möglichkeiten, den Speisezettel damit zu bereichern. So können Sie mit diesen nicht nur köstliche Speisen zubereiten, sondern auch Gerichte verfeinern. Sie lassen sich unter anderem verwenden:

- als kleine Zwischenmahlzeit,
- als eiweißhaltige, variationsreiche Vorspeise,
- als Cocktail, gemixt mit rohen Gemüse- oder Fruchtsäften, mit zerkleinertem frischen Gemüse und klein geschnittenen Früchten, mit Sirup, Alkohol usw.
- als Grundlage und zum Verfeinern von Saucen, Marinaden und Salatdressings,
- zum Verfeinern von Gemüse,
- als süßer Nachtisch

Wie für Milch gilt auch für Joghurt, Kefir & Co.: nicht lange offen stehen lassen, vor Wärme schützen, nicht unnötig dem Tageslicht oder künstlichem Licht aussetzen. Im Kühlschrank bleiben sie etwa eine Woche lang frisch. Und nun ans Werk!

Abkürzungen:

EL	=	Eßlöffel
g	=	Gramm
l	=	Liter
ml	=	Milliliter
cl	=	Zentiliter
Msp.	=	Messerspitze
P.	=	Päckchen
TL	=	Teelöffel
kcal	=	Kilokalorien
1 Becher Joghurt	=	150 g Joghurt

Vorspeisen

Gefüllte Birnen

ZUBEREITUNGSZEIT: 15 MIN.
4 PORTIONEN
CA. 210 KCAL JE PORTION

4 Birnen
1 Kopfsalat
250 g Quark
125 g saure Sahne
1 Becher Joghurt
1 TL Tomatenketchup
1 Prise Salz
1 Prise Zucker
1 hartgekochtes Ei
2 EL Paprika, in feinen Würfeln

1. Die Birnen in Hälften teilen, die Kerngehäuse entfernen und die Birnen tief aushöhlen. In Schälchen legen, die mit Salatblättern ausgelegt wurden.
2. Den Quark und die saure Sahne cremig rühren und in die Birnenhälften geben.
3. Den Joghurt mit dem Tomatenketchup verquirlen. Das Salz, den Zucker, das klein gehackte Ei und die Paprikawürfel hinzufügen, gut vermengen und über die gefüllten Birnenhälften gießen.

Shrimps in Kräutersauce auf Chicoréeblättern

ZUBEREITUNGSZEIT: 15 MIN.
4 PORTIONEN
CA. 335 KCAL JE PORTION

400 g Shrimps
1 Apfel
Saft von 1 Zitrone
100 g Mayonnaise
100 g saure Sahne
etwas Salz
frisch gemahlener Pfeffer
2 Zweige Estragon
¼ Bund Petersilie
2 Chicoréestauden
1 Zweig Dill

1. Den Apfel schälen, entkernen und grob raspeln. Die küchenfertigen Shrimps und den Apfel mit Zitronensaft marinieren.
2. Die Mayonnaise mit der sauren Sahne verrühren und mit Salz, Pfeffer, eingehacktem Estragon und Petersilie abschmecken.
3. Die Chicoréestauden putzen, den bitteren Strunk keilförmig herausschneiden und die Stauden in einzelne Blätter teilen. Die Blätter waschen, trockenschleudern und mit der Sauce bestreichen.
4. Die marinierten Shrimps daraufsetzen und mit Dill garnieren.

Krabbencocktail

ZUBEREITUNGSZEIT: CA. 15 MIN.
4 PORTIONEN
CA. 120 KCAL JE PORTION

150 g Kefir
1 EL Mayonnaise
2 EL Tomatenketchup
Saft von ½ Apfelsine
1 EL Weinbrand
250 g Champignons aus der Dose
150 g Krabben

1. Den Kefir mit der Mayonnaise und dem Ketchup verquirlen. Den Saft der Apfelsinenhälfte und den Weinbrand dazugeben, und alles gut mischen.
2. Die Champignons abtropfen lassen, in feine Scheibchen schneiden und mit den Krabben in Gläser füllen. Die Cocktailsauce darübergießen und kühl servieren.

Hummercocktail

ZUBEREITUNGSZEIT: CA. 20 MIN.
4 PORTIONEN
CA. 195 KCAL JE PORTION

200 g Hummerfleisch
1 EL Zitronensaft
2 Eier
Salatblätter
250 g Spargelspitzen
1 EL Tomatenketchup
2 EL Speiseöl
1 Becher Joghurt
1 Prise Zucker
1 Prise Salz
1 Prise Pfeffer
4 EL saure Sahne

1. Das Hummerfleisch in Stückchen teilen und mit dem Zitronensaft beträufeln.
2. Die Eier hart kochen, anschließend schälen und würfeln. 4 Gläser mit in Streifen geschnittenen Salatblättern auslegen.
3. Den Hummer, die Eiwürfel und die abgetropften Spargelspitzen einfüllen.
4. Den Tomatenketchup und das Öl mischen. Den Joghurt gut unterrühren. Zucker, Salz und Pfeffer dazugeben.
5. Die saure Sahne unterheben. Das Joghurtdressing in die Gläser füllen.

Tomatencocktail

ZUBEREITUNGSZEIT: CA. 15 MIN.
4 PORTIONEN
CA. 80 KCAL JE PORTION

1 Kopfsalat
8 Tomaten
1 Becher Joghurt
Saft von ½ Zitrone
1 EL Tomatenketchup
1 Prise Zucker
1 Prise Pfeffer
1 Prise Salz
3 EL saure Sahne
1 Bund Dill

1. Vier Gläser mit Salatblättern auslegen. Die in Scheiben geschnittenen Tomaten würzen und daraufgeben.
2. Den Joghurt mit dem Saft der Zitrone, mit dem Tomatenketchup, Zucker, Pfeffer und Salz mischen und über die Tomaten gießen. Mit Sahnetupfern und dem fein gehackten Dill verzieren.

Kräutercocktail

ZUBEREITUNGSZEIT: CA. 20 MIN.
4 PORTIONEN
CA. 260 KCAL JE PORTION

2 Becher Joghurt
250 g saure Sahne
100 g Kefir
1 Bund Petersilie
1 Bund Dill
1 Bund Schnittlauch
2 Zwiebeln
2 Äpfel
1 Birne
Saft von 2 Zitronen
½ TL Tabasco
3 EL Chilisauce
1 Prise Pfeffer
1 Prise Salz
1 TL Zucker
12 Oliven

1. Den Joghurt mit der sauren Sahne, dem Kefir und den gehackten Kräutern verrühren.
2. Die geschälten Zwiebeln, Äpfel und die Birne fein reiben und in die Mischung geben.
3. Den Zitronensaft mit Tabasco, Chilisauce, Pfeffer, Salz und Zucker untermischen. In Gläser gießen. Mit den in Scheiben geschnittenen Oliven garnieren.

Knoblauchquark in Paprika

ZUBEREITUNGSZEIT: CA. 20 MIN.
4 PORTIONEN
CA. 115 KCAL JE PORTION

1 Zwiebel
2 Knoblauchzehen
1 Salatgurke
1 Stange Staudensellerie
½ Bund frische Kräuter (Dill, Schnittlauch und Petersilie)
500 g Quark
etwas Salz
frisch gemahlener schwarzer Pfeffer
etwas Paprikapulver
2 rote Paprikaschoten

1. Die Zwiebel und die Knoblauchzehen schälen und beides sehr fein hacken. Die Salatgurke und den Staudensellerie waschen und in sehr feine Würfel schneiden.
2. Die Zwiebel, den Knoblauch und das Gemüse mit einem Teil der fein gehackten Kräuter unter den Quark mischen und mit Salz, Pfeffer und Paprika pikant abschmecken.
3. Die Paprikaschoten längs halbieren, die Kerne und die weißen Innenwände entfernen, dann nochmals durchschneiden, waschen und gut abtropfen lassen.
4. Die Quarkmasse auf die Paprikaviertel setzen und mit den restlichen Kräutern garnieren.

Gorgonzolabirnen

ZUBEREITUNGSZEIT: CA. 15 MIN.
4 PORTIONEN
CA. 215 KCAL JE PORTION

4 kleine, gut reife Williams Christbirnen
Saft von ½ Zitrone
100 g weicher Gorgonzola
80 g Quark
2 EL saure Sahne
etwas Salz
frisch gemahlener Pfeffer
8 Walnußkerne
8 Kirschen

1. Die Birnen waschen, halbieren, das Kerngehäuse mit einem Teelöffel entfernen, mit Zitronensaft beträufeln und kühl stellen.
2. Den Gorgonzola mit der Gabel zerdrücken, den Quark und die saure Sahne unterrühren und eventuell mit wenig Salz und Pfeffer abschmecken.
3. Die Käsecreme mit einem Spritzbeutel in die Birnenhälften spritzen und mit den Walnüssen und den Kirschen garnieren.

Kalte Tomatencremesuppe

ZUBEREITUNGSZEIT: CA. 10 MIN.
4 PORTIONEN
CA. 150 KCAL JE PORTION

1 Dose Tomatencremesuppe
2 Becher Joghurt
1 Tasse Sherry
1 EL Tabasco
1 Prise Salz
1 Prise Pfeffer
1 Bund Schnittlauch

1. Die Tomatencremesuppe mit dem Joghurt und dem Sherry gut verrühren.
2. Tabasco, Salz und Pfeffer dazugeben. In den Kühlschrank stellen und mit dem gehackten Schnittlauch kalt servieren.

Semmelsuppe

ZUBEREITUNGSZEIT: CA. 1 ½ STD.
4 PORTIONEN
CA. 335 KCAL JE PORTION

250 g Suppenfleisch
1 Bund Suppengrün
1 Prise Salz
1 ½ l Wasser
2 Zwiebeln
40 g Butter
2 Brötchen
1 Becher Joghurt
2 Eigelb
1 EL saure Sahne
1 EL Petersilie
1 EL Schnittlauch

1. Das Suppenfleisch mit dem Suppengrün und Salz in dem Wasser kochen.
2. Die Brühe sieben und das Fleisch würfeln.
3. Die fein geschnittenen Zwiebeln in der Butter anrösten, die gewürfelten Brötchen beimengen, mit Brühe übergießen und aufkochen lassen.
4. Den Joghurt, die Eigelbe und die Sahne verquirlen und in angewärmte Suppentassen geben.
5. Die Fleischwürfel einfüllen und mit Suppe übergießen. Mit den fein gehackten Kräutern garnieren.

Pilztoast

Zubereitungszeit: ca. 20 Min.
4 Portionen
ca. 130 kcal je Portion

4 Scheiben Toastbrot
½ TL Margarine
1 kleine Dose Pfifferlinge
½ Zwiebel
1 Prise Salz
1 Bund Petersilie
1 Becher saure Sahne
2 EL geriebener Emmentaler Käse

1. Das Toastbrot in einer mit Fett ausgeriebenen Pfanne auf einer Seite bräunen, herausnehmen und abkühlen lassen.
2. Die abgetropften halbierten Pilze mit der fein gewürfelten Zwiebel anbraten, das Salz und die klein gehackte Petersilie darüberstreuen.
3. Auf die ungebräunten Toastbrotseiten geben. Den Joghurt mit dem fein geriebenen Käse mischen und über die Toasts geben. Im Grill überbacken.

Paprikasuppe

Zubereitungszeit: ca. 20 Min.
4 Portionen
ca. 60 kcal je Portion

4 EL Paprika in feinen Würfeln
¼ l Tomatensaft
¼ l Wasser
1 Becher Joghurt
1 EL Mehl
1 Prise Salz
1 Prise Pfeffer
1 Prise Zucker

1. Die Paprikawürfel mit dem Tomatensaft und dem Wasser aufkochen.
2. Den Joghurt mit dem Mehl mischen und in die Suppe einrühren. Mit Salz, Pfeffer und Zucker abschmecken und mit wenigen Paprikawürfeln garnieren.

Quarkklößchen mit Tomatensauce

ZUBEREITUNGSZEIT: CA. 60 MIN.
2 PORTIONEN
CA. 390 KCAL JE PORTION

250 g Magerquark
60 g Weizenvollkorngrieß
2 EL Weizenvollkornmehl
1 Ei
1 Prise Salz
Pfeffer aus der Mühle
1 Prise Cayennepfeffer
1 Prise Muskatpulver
30 g gemischte Kräuter (Oregano, Basilikum, Petersilie)
1 Knoblauchzehe
1 Zwiebel
1 EL Olivenöl
2 Tomaten (ca. 200 g)
1/8 l Gemüsebrühe
50 g saure Sahne
1 TL Speisestärke
1 TL feingehackter Salbei
etwas Paprikapulver
1 l Gemüsebrühe

1. Quark, Grieß, Mehl und Ei verrühren.
2. Die Masse mit Salz, Pfeffer, Cayennepfeffer und Muskat kräftig würzen. Die Kräuter waschen, fein hacken und unter die Klößchenmasse rühren. Sie mindestens 1/2 Stunde ruhen lassen.
3. In der Zwischenzeit für die Sauce die Knoblauchzehe und die Zwiebel schälen, beides fein hacken. Das Olivenöl erhitzen, Knoblauch und Zwiebel dazugeben und beides im Öl glasig dünsten.
4. Die Tomaten waschen, den Stielansatz herausschneiden. Die Früchte würfeln, zu den Zwiebeln geben und mitschwitzen.
5. Die Gemüsebrühe und die Sahne dazugießen und das Ganze kurz durchkochen lassen. Die Sauce durch ein Sieb passieren und mit der Speisestärke binden.
6. Die Sauce mit Salbei, Salz, Pfeffer, Cayennepfeffer und Paprika würzen.
7. Etwa 1 l Gemüsebrühe zum Kochen bringen, mit zwei Eßlöffeln von der Quarkmasse kleine Klößchen abstechen und diese in der Brühe 5 bis 8 Minuten bei geringer Hitzezufuhr ziehen lassen.
8. Die Klößchen herausnehmen und zusammen mit der Tomatensauce anrichten.

Salate

Gurken-Mohrrüben-Salat

ZUBEREITUNGSZEIT: CA. 20 MIN.
4 PORTIONEN
CA. 45 KCAL JE PORTION

250 g Mohrrüben
½ Salatgurke
½ Becher Joghurt
Saft von 1 Zitrone
1 Prise Salz
1 Prise Zucker

1. Die Mohrrüben fein, die Gurkenhälfte grob raspeln und miteinander mischen.
2. Den Joghurt mit dem Saft der Zitrone, Salz und Zucker verquirlen und über die Rohkost gießen.

Rote-Bete-Salat

ZUBEREITUNGSZEIT: CA. 15 MIN.
4 PORTIONEN
CA. 70 KCAL JE PORTION

200 g Äpfel
250 g rote Bete
150 g Kefir
Saft von ½ Zitrone
1 Prise Zucker

1. Die Äpfel und die rote Bete grob raspeln.
2. Kefir mit dem Zitronensaft sowie Zucker verquirlen und über die Rohkost gießen.

Gurkensalat

ZUBEREITUNGSZEIT: CA. 15 MIN.
4 PORTIONEN
CA. 70 KCAL JE PORTION

1 große Salatgurke
1 Prise Salz
Saft von 1 Zitrone
1 Becher Joghurt
1 EL Speiseöl
½ TL Senf
1 TL Borretsch
1 TL Dill

1. Die geschälte Gurke in Scheiben schneiden und salzen. Mit dem Saft der Zitrone beträufeln.
2. Den Joghurt mit dem Öl, dem Senf und den gehackten Kräutern gut mischen und kurz vor dem Servieren über den Salat geben.

Erbsensalat

ZUBEREITUNGSZEIT: CA. 15 MIN.
4 PORTIONEN
CA. 180 KCAL JE PORTION

1 Becher Joghurt
Saft von 1 Zitrone
1 EL Zucker
2 Äpfel
1 Banane
500 g Erbsen (Dose)
½ TL Salz

1. Den Joghurt mit dem Saft der Zitrone und dem Zucker verquirlen.
2. Die in Stifte geschnittenen Äpfel dazugeben, dann die in Scheiben geschnittene Banane.
3. Die abgegossenen Erbsen unterziehen und mit Salz würzen. Im Kühlschrank etwa zwei Stunden durchziehen lassen.

Mohrrüben-Apfelsinen-Salat

ZUBEREITUNGSZEIT: CA. 20 MIN.
4 PORTIONEN
CA. 125 KCAL JE PORTION

500 g Mohrrüben
2 Apfelsinen
1 Becher Joghurt
Saft von 2 Zitronen
2 EL Zucker
1 Prise Salz

1. Die geschälten Mohrrüben raspeln, die Apfelsinenscheiben in Stücke schneiden und gut miteinander mischen.
2. Den Joghurt mit dem Zitronensaft, Zucker und Salz verquirlen und über die Zutaten gießen.

Bunter Salat

Zubereitungszeit: ca. 25 Min.
4 Portionen
ca. 65 kcal je Portion

1 Endiviensalat
1 rote Paprikaschote
2 Mohrrüben
½ Salatgurke
1 kleiner Rettich
Saft von ½ Zitrone
150 g Kefir
1 Prise Salz

1. Den Endiviensalat und die Paprikaschote in Streifen schneiden.
2. Die Mohrrüben, die Gurke und den Rettich zu Stiften hobeln. Alle vorbereiteten Zutaten mit dem Saft der Zitrone beträufeln und gut verrühren.
3. Kefir mit Salz verquirlen und über den Salat gießen.

Seelachssalat

Zubereitungszeit: ca. 20 Min.
4 Portionen
ca. 210 kcal je Portion

375 g geräucherter Seelachs
½ Paprikaschote
2 Tomaten
½ Apfel
1 kleine Zwiebel
1 EL Kapern
1 Becher Joghurt
100 g Kefir
2 EL Mayonnaise
Saft von 1 Zitrone
½ TL Salz

1. Den Fisch in kleine Stückchen zerteilen.
2. Die halbe Paprikaschote, die Tomaten und den halben Apfel in Streifen schneiden und mit dem Fisch vermengen.
3. Die Zwiebel und die Kapern fein hacken und dazufügen.
4. Den Joghurt und den Kefir mit der Mayonnaise, dem Saft der Zitrone und Salz gut verrühren, über den Salat geben.

Salat mit Schillerlocken

Zubereitungszeit: ca. 30 Min.
2 Portionen
ca. 395 kcal je Portion

250 g festkochende Kartoffeln
1 Bund Dill
½ Salatgurke
100 g Schillerlocken
75 g Kefir
1 EL Salatmayonnaise
1–2 EL Zitronensaft
2 EL Olivenöl

1. Die Kartoffeln als Pellkartoffeln garen.
2. Inzwischen den Dill hacken. Die Gurke längs halbieren und die Kerne mit einem Löffel herauskratzen. Die Gurkenhälften in Scheiben schneiden.
3. Die Schillerlocken schräg in dünne Scheiben schneiden. Die Kartoffeln abgießen, schälen und in Scheiben schneiden.
4. Kefir mit Mayonnaise, Zitronensaft, Olivenöl und Dill verrühren. Die vorbereiteten Zutaten daruntermischen und den Salat zugedeckt durchziehen lassen.

Fischsalat

Zubereitungszeit: ca. 20 Min.
4 Portionen
ca. 230 kcal je Portion

200 g Räucherlachs
1 kleine Dose Ananas
2 Gewürzgurken
2 EL Maiskörner
1 Becher Joghurt
1 Prise Salz
1 Prise Pfeffer
1 TL Senf
2 EL Meerrettich

1. Den Lachs, die Ananas und die Gurken in kleine Würfel schneiden und mit den abgetropften Maiskörnern vermengen.
2. Den Joghurt mit Salz, Pfeffer, Senf und Meerrettich gut verrühren und über den Salat gießen.

Bunter Matjessalat

Zubereitungszeit: ca. 35 Min.
4 Portionen
ca. 525 kcal je Portion

6–8 Matjesfilets
550 g frische Prinzeßböhnchen
2 Zwiebeln
3 Tomaten
1 kleine Dose Maiskörner
250 g Kefir
1 TL Zitronensaft
2 EL gehackter Schnittlauch
frisch gemahlener weißer Pfeffer
Salz
gehackter Schnittlauch zum Garnieren

1. Die Matjesfilets etwa 1 Stunde wässern.
2. Inzwischen die Prinzeßböhnchen putzen, waschen und in reichlich Salzwasser etwa 15 Minuten weich kochen, dann abkühlen lassen.
3. Die Zwiebeln schälen und in Ringe schneiden. Die Tomaten waschen und in Würfel schneiden. Den Mais abtropfen lassen. Die Matjesfilets mit Küchenpapier trockentupfen und in kleine Stücke schneiden.
4. Den Kefir mit dem Zitronensaft und dem Schnittlauch verrühren und die Sauce mit Pfeffer und Salz abschmecken.
5. Die Salatzutaten in einer Schüssel vorsichtig mischen und mit der Sauce übergießen. Den Salat kurz mischen und für 1 Stunde zum Durchziehen in den Kühlschrank stellen. Vor dem Servieren mit Schnittlauch bestreuen.

Hawaiisalat

Zubereitungszeit: ca. 20 Min.
4 Portionen
ca. 185 kcal je Portion

2 Bananen
2 Apfelsinen
1 Kopfsalat
250 g Tomaten
250 g Ananas
150 g Kefir
2 EL Mayonnaise
Saft von 1 Zitrone
1 Prise Zucker
1 Prise Pfeffer
1 Prise Selleriesalz

1. Die Bananen und die zerteilten Apfelsinen in Scheiben, den Salat in Streifen schneiden, die Tomaten achteln, die Ananas zerkleinern, alles gut miteinander mischen.
2. Kefir mit der Mayonnaise, dem Saft der Zitrone, Zucker, Pfeffer und Selleriesalz verquirlen und über den Salat gießen.

Hörnchensalat

Zubereitungszeit: ca. 40 Min.
4 Portionen
ca. 325 kcal je Portion

300 g Nudeln (Hörnchen)
300 g grüne Bohnen
200 g gekochter Schinken
1 Kopfsalat
500 g Tomaten
Saft von 1 Zitrone
1 Becher Joghurt
1 Bund Schnittlauch
1 Bund Petersilie
1 TL Salz
½ TL Zucker
2 Tomaten zum Garnieren

1. Die gekochten Hörnchen mit den klein geschnittenen, gedünsteten Bohnen und dem gewürfelten Schinken mischen.
2. Eine Schüssel mit Salatblättern auslegen und die Nudel-Schinken-Mischung einfüllen.
3. Die Tomaten weich kochen und pürieren, mit dem Saft der Zitrone und dem Joghurt gut mischen.
4. Die fein gehackten Kräuter, Salz und Zucker hinzufügen. Die Sauce über den Salat gießen und mit Tomatenscheiben garnieren.

Kartoffelsalat

Zubereitungszeit: ca. 45 Min.
4 Portionen
ca. 520 kcal je Portion

750 g Pellkartoffeln
1 Bund Radieschen
4 Tomaten
125 g gekochter Schinken
2 Gewürzgurken
1 kleines Glas Paprikaschnitzel
1 Zwiebel
4 EL Essig
4 EL Wasser
1 Prise Zucker
1 TL Salz
1 Prise Pfeffer
1 Becher Joghurt
3 EL Mayonnaise
8 Eier
1 Bund Schnittlauch

1. Die abgekühlten Kartoffeln schälen und in Würfel, die Radieschen in Scheiben, die Tomaten in Achtel, den Schinken und die Gewürzgurken in Streifen schneiden, die Paprikaschnitzel abtropfen lassen, die Zwiebel zerkleinern, alles miteinander mischen.
2. Den Essig und das Wasser unterrühren, Zucker, Salz und Pfeffer dazugeben.
3. Den Joghurt mit der Mayonnaise verquirlen, auf den Salat geben.
4. Die hart gekochten Eier achteln, mit dem klein geschnittenen Schnittlauch auf dem Salat verteilen.

Käse-Reis-Salat

Zubereitungszeit: ca. 45 Min.
4 Portionen
ca. 440 kcal je Portion

100 g Schweizer Käse
150 g Bratenreste
2 Paprikaschoten
2 Zwiebeln
1 kleines Glas Oliven
150 g Kefir
3 EL Mayonnaise
Saft von ½ Zitrone
1 Prise Salz
1 Prise Pfeffer
2 Bund Dill
1 TL Hefeflocken
2 Tassen gekochter Reis

1. Den Käse in Stifte, die Bratenreste und die Paprikaschoten in Streifen schneiden.
2. Die Zwiebeln fein würfeln und mit den halbierten Oliven zu den vorbereiteten Zutaten geben.
3. Kefir mit der Mayonnaise, dem Saft der Zitrone, Salz, Pfeffer, dem fein gehackten Dill sowie den Hefeflocken mischen und mit dem Reis zu den Salatzutaten geben.
4. Etwa zwei Stunden im Kühlschrank durchziehen lassen.

Käse-Wurst-Salat

Zubereitungszeit: ca. 25 Min.
4 Portionen
ca. 300 kcal je Portion

1 kleine Salatgurke
4 Tomaten
2 EL Oliven
1 Kopfsalat
1 Becher Joghurt
2 EL Speiseöl
Saft von 1 Zitrone
1 Msp. Senf
1 Prise Salz
1 Prise Pfeffer
1 Prise Paprikapulver
1 Prise Zucker
2 Scheiben gekochter Schinken
2 Scheiben Salami
100 g Schweizer Käse
½ EL Petersilie
½ EL Schnittlauch
½ EL Dill

1. Die in Scheiben geschnittene Gurke, die gewürfelten Tomaten und die entkernten Oliven mischen.
2. Eine Schüssel mit Salatblättern auslegen und die Zutaten daraufgeben.
3. Den Joghurt mit dem Speiseöl und dem Saft der Zitrone, Senf, Salz, Pfeffer, Paprika und Zucker mischen und über den Salat gießen.
4. Den klein geschnittenen Schinken, die Salami und den gewürfelten Käse darüberschichten und mit den fein gehackten Kräutern garnieren.

Kohlsalat

Zubereitungszeit: ca. 20 Min.
4 Portionen
ca. 320 kcal je Portion

750 g Weißkohl
150 g Sellerie
2 Mohrrüben
Saft von 1 Zitrone
150 g Kefir
3 EL Mayonnaise
1 Prise Pfeffer
1 Kopfsalat
125 g Mettwurst

1. Den fein gehobelten Kohl mit dem zerkleinerten Sellerie und den geraspelten Mohrrüben mischen und mit dem Saft der Zitrone beträufeln.
2. Den Kefir, die Mayonnaise und den Pfeffer gut verrühren und unter die Kohl-Gemüse-Mischung ziehen.
3. Eine Schüssel mit Salatblättern auslegen und den Kohlsalat einfüllen. Mit der in Scheiben geschnittenen Mettwurst garnieren.

Tomaten-Sellerie-Salat

Zubereitungszeit: ca. 20 Min.
4 Portionen
ca. 280 kcal je Portion

1 Staudensellerie
200 g Emmentaler Käse
500 g Tomaten
1 Becher Joghurt
1 EL Mayonnaise
3 EL Essig
1 Prise Salz
1 Prise Pfeffer
1 Prise Kräutergewürz

1. Den Sellerie in Stücke, den Käse in Streifen schneiden, die Tomaten achteln, alles gut mischen.
2. Den Joghurt mit der Mayonnaise, dem Essig, Salz, Pfeffer und Kräutergewürz verquirlen und über den Salat gießen.

Chicoréesalat

ZUBEREITUNGSZEIT: CA. 15 MIN.
4 PORTIONEN
CA. 100 KCAL JE PORTION

1 Becher Joghurt
1 EL Mayonnaise
Saft von 1 Zitrone
1 Prise Salz
1 Prise Zucker
1 Prise Pfeffer
3 Stauden Chicorée
1 Dose Mandarinen
1 EL Petersilie

1. Den Joghurt und die Mayonnaise, den Saft der Zitrone, Salz, Zucker und Pfeffer verquirlen.
2. Den bitteren Kern der Chicoréestauden keilförmig herausschneiden, die Blätter in Streifen schneiden und mit den abgetropften Mandarinen hinzufügen.
3. Den Salat mit der fein gehackten Petersilie garnieren.

Paprika-Eier-Salat

ZUBEREITUNGSZEIT: CA. 20 MIN.
4 PORTIONEN
CA. 670 KCAL JE PORTION

1 Becher Joghurt
100 g Kefir
250 g Mayonnaise
1 kleine Zwiebel
1 Bund Schnittlauch
Saft von 1 Zitrone
1 Prise Salz
1 Prise Pfeffer
1 Prise Zucker
1 Paprikaschote
6 Eier

1. Den Joghurt und den Kefir mit der Mayonnaise gut verrühren.
2. Die Zwiebel und den Schnittlauch klein schneiden und mit dem Saft der Zitrone, Salz, Pfeffer und Zucker zu der Sauce geben.
3. Die in feine Streifen geschnittene Paprikaschote und danach die in dünne Scheiben geschnittenen hart gekochten Eier unterheben. Im Kühlschrank etwa zwei Stunden durchziehen lassen.

Spaghetti-Gemüse-Salat

ZUBEREITUNGSZEIT: CA. 30 MIN.
2 PORTIONEN
CA. 510 KCAL JE PORTION

75 g Spaghetti
150 g dicke Möhren
200 g Zucchini
Salz
50 g gekochten Schinken in dünnen Scheiben
1 Eigelb
frisch gemahlener weißer Pfeffer
1 Msp. gemahlener Ingwer
Saft und abgeriebene Schale von ½ unbehandelten Zitrone
2 EL Öl
75 g Dickmilch

1. Die Spaghetti zweimal durchbrechen und in reichlich Salzwasser bißfest kochen. Abgießen, abschrecken und abtropfen lassen.
2. Die Möhren und die Zucchini in dünne lange Stifte schneiden, in 2 Liter Salzwasser etwa 3 Minuten blanchieren, abgießen, gut abtropfen lassen und zu den Spaghetti geben.
3. Den Schinken in feine, lange Streifen schneiden und zu den Salatzutaten geben. Alles vorsichtig mischen.
4. Das Eigelb mit etwas Salz, Pfeffer, Ingwer, Zitronenschale und -saft in einem hohen Gefäß verrühren.
5. Das Öl erst tropfenweise, dann in einem dünnen Strahl einfließen lassen und kräftig darunterschlagen. Die Dickmilch unter die Sauce rühren und würzig abschmecken.
6. Die Sauce über die Salatzutaten geben und alles vorsichtig mischen.

Reissalat mit Hühnerfleisch

ZUBEREITUNGSZEIT: CA. 40 MIN.
4 PORTIONEN
CA. 375 KCAL JE PORTION

500 g gekochter Reis
250 g Hühnerfleisch
5 EL Erbsen aus der Dose
2 Zwiebeln
1 Becher Joghurt
125 g saure Sahne
Saft von 1 Zitrone
½ TL Senf
1 Prise Salz
1 Prise Zucker
2 Tomaten
2 Eier
2 EL Öl

1. Den körnig gekochten Reis, das klein geschnittene Hühnerfleisch, die Erbsen und die gewürfelten Zwiebeln miteinander mischen.
2. Den Joghurt, die saure Sahne, den Zitronensaft, den Senf, Salz und Zucker gut verrühren und darunterziehen.
3. Mit den Tomaten, den hart gekochten Eiern und den Oliven garnieren.

Roquefort-Birnen-Salat

ZUBEREITUNGSZEIT: CA. 15 MIN.
4 PORTIONEN
CA. 465 KCAL JE PORTION

4 reife Birnen
Saft von 1 Zitrone
1 Kopfsalat
1 Bund Radieschen
1 Becher Joghurt
½ Glas Mayonnaise
100 g Roquefortkäse
2 EL Birnenschnaps

1. Die geschälten Birnen in dünne Scheiben schneiden und mit dem Saft der Zitrone beträufeln.
2. Die Salatblätter in Streifen, die Radieschen in Scheiben schneiden und mit den Birnen mischen.
3. Den Joghurt mit der Mayonnaise gut verrühren und den in Stücke geschnittenen Käse dazugeben.
4. Mit dem Birnenschnaps abschmecken und die Sauce über den Salat geben.

Rohkostsalat

ZUBEREITUNGSZEIT: CA. 20 MIN.
4 PORTIONEN
CA. 120 KCAL JE PORTION

2 Kohlrabi
2 EL Quark
3 EL saure Sahne
1 Zwiebel
1 Prise Salz
2 Tomaten
2 Eier
1 Becher Joghurt
½ TL Senf
1 Prise Zucker
1 Bund Petersilie
1 Bund Dill

1. Die geschälten Kohlrabi in Streifen schneiden und in der Mitte einer Platte anrichten.
2. Den Quark und die Sahne verrühren und mit der geriebenen Zwiebel sowie dem Salz mischen.
3. Die ausgehöhlten Tomaten damit füllen. Diese und die in Scheiben geschnittenen hart gekochten Eier um den Kohlrabi herum garnieren.
4. Den Joghurt mit Salz, Senf, Zucker und der fein gehackten Petersilie verquirlen und über die Kohlräbchen gießen. Alles mit Dill garnieren.

Spinatsalat

ZUBEREITUNGSZEIT: CA. 15 MIN.
4 PORTIONEN
CA. 130 KCAL JE PORTION

250 g Spinat
250 g Tomaten
1 Becher Joghurt
Saft von 1 Zitrone
3 EL Speiseöl
1 TL Essig
1 Prise Salz
1 Prise Pfeffer
1 Prise Paprikapulver
1 Prise Zucker

1. Den frischen Spinat in Streifen, die gehäuteten Tomaten in Scheiben schneiden und beides auf einer Platte anrichten.
2. Den Joghurt und den Saft der Zitrone, das Speiseöl, den Essig, Salz, Pfeffer, Paprika und Zucker gut miteinander verquirlen und darübergießen.

Champignon-Eier-Salat

ZUBEREITUNGSZEIT: CA. 20 MIN.
4 PORTIONEN
CA. 265 KCAL JE PORTION

1 Becher Joghurt
4 EL Speiseöl
Saft von 1 Zitrone
1 TL geriebener Meerrettich
½ TL Senf
1 TL Petersilie
1 TL Schnittlauch
1 Prise Salz
1 Prise Muskat
1 Prise Zucker
1 kleine Dose Champignons
6 Eier
1 Prise Pfeffer
2 Tomaten

1. Den Joghurt, das Öl und den Saft der Zitrone verquirlen.
2. Den Meerrettich, den Senf und die fein gehackten Kräuter hinzufügen. Mit Salz, Muskat und Zucker abschmecken.
3. Die Champignons in dünne Scheiben schneiden und einrühren. Die Eier hart kochen und in Scheiben schneiden.
4. Die Eierscheiben – mit etwas Salz und Pfeffer bestreut – und die Champignonsauce schichtweise in eine Schüssel geben. Mit Ei und geviertelten Tomaten garnieren.

Rindfleischsalat

ZUBEREITUNGSZEIT: CA. 25 MIN.
4 PORTIONEN
CA. 205 KCAL JE PORTION

250 g Rindfleisch
2 Gewürzgurken
½ Zwiebel
2 EL Paprikawürfel
1 Becher Joghurt
1 EL saure Sahne
2 EL Speiseöl
1 TL Tomatenmark
½ TL Senf
1 EL Zitronensaft
1 EL Schnittlauch
1 EL Petersilie
1 Prise Salz
1 Prise Pfeffer
1 Prise Zucker

1. Das gekochte Rindfleisch in kleine Würfel, die Gewürzgurken in Scheiben schneiden und mit der fein gehackten Zwiebel und den Paprikawürfeln mischen.
2. Den Joghurt mit der sauren Sahne, dem Öl, dem Tomatenmark, dem Senf und dem Zitronensaft verquirlen.
3. Die fein gehackten Kräuter hinzufügen. Mit Salz, Pfeffer und Zucker abschmecken. Den Rindfleischsalat mit der Joghurtsauce vermengen.

Bunter Endiviensalat

ZUBEREITUNGSZEIT: CA. 30 MIN.
4 PORTIONEN
CA. 190 KCAL JE PORTION

1 Kopf Endiviensalat
je 1 grüne und rote Paprikaschote
2 Äpfel
2 Orangen
1 Grapefruit
½ Salatgurke
2 EL Mayonnaise
250 g Kefir
Salz
frisch gemahlener weißer Pfeffer
Ingwerpulver
2 EL Zitronensaft
2 EL gehackte Kresse

1. Den Endiviensalat verlesen, waschen und anschließend auf einem Sieb abtropfen lassen oder trockenschleudern, in feine Streifchen schneiden.
2. Die Paprikaschoten waschen, von Kernen und Häuten befreien und in dünne Ringe schneiden. Die Äpfel schälen, vierteln, die Kerngehäuse entfernen und die Äpfel in Stifte schneiden.
3. Die Orangen und die Grapefruit sorgfältig schälen, dabei auch die weiße Haut entfernen. Dann mit einem Messer neben den Zwischenhäuten einschneiden und die Filets herauslösen.
4. Die Gurke schälen und in Würfel schneiden.

5. Die Salatzutaten in eine große Salatschüssel geben und vorsichtig mischen.
6. Anschließend aus der Mayonnaise, dem Kefir, Salz, Pfeffer, Ingwerpulver und dem Zitronensaft eine Sauce rühren und den Salat damit übergießen. Nochmals vorsichtig alles mischen, mit der Kresse bestreuen und den Salat zugedeckt für kurze Zeit in den Kühlschrank stellen.

Fenchelsalat

ZUBEREITUNGSZEIT: CA. 20 MIN.
4 PORTIONEN
CA. 220 KCAL JE PORTION

2 Fenchelknollen
2 Bananen
Saft von ½ Zitrone
1 Becher Joghurt
1 EL saure Sahne
2 EL Speiseöl
1 Prise Salz
1 Prise Zucker
2 EL Nüsse

1. Den Fenchel und die Bananen in dünne Scheiben schneiden, mit dem Zitronensaft beträufeln.
2. Den Joghurt mit der sauren Sahne und dem Öl verquirlen. Mit Salz und Zucker abschmecken.
3. Die Rohkost und die Joghurtsauce vermengen und mit den fein gehackten Nüssen garnieren.

Selleriesalat

ZUBEREITUNGSZEIT: CA. 30 MIN.
4 PORTIONEN
CA. 470 KCAL JE PORTION

500 g Sellerie
1 kleines Glas Sauerkirschen
1 kleine Dose Ananas
200 g Emmentaler Käse
5 EL Walnußkerne
150 g Kefir
1 EL Zitronensaft
1 Prise Salz
1 Prise Zucker

1. Den geschälten Sellerie fein raspeln, die Sauerkirschen abtropfen lassen, die Ananasscheiben in Stücke, den Käse in Stifte schneiden, die Walnüsse hacken.
2. Kefir und den Zitronensaft mischen. Mit Salz und Zucker abschmecken. Die Kefirsauce über den Salat gießen.

Hähnchensalat

Zubereitungszeit: ca. 30 Min.
2 Portionen
ca. 300 kcal je Portion

150 g kaltes, gebratenes Hähnchenfleisch
200 g grüne Bohnen, Salz
200 g Karotten
50 g Knollensellerie
knapp 2 EL Zitronensaft
2 Mandarinen
75 g Joghurt
75 g saure Sahne
1 TL ungesüßter Sanddornsaft
1 TL Honig
50 g Friséesalat
1 hartgekochtes, geschältes Ei

1. Das Hähnchenfleisch häuten und in kleine Würfel schneiden.
2. Die Bohnen halbieren und etwa ¼ Stunde in ⅛ Liter Salzwasser garen, abschrecken und abtropfen lassen. Inzwischen die Karotten und den Sellerie in feine Streifen schneiden, mit etwas Zitronensaft beträufeln. Die Mandarinen sorgfältig schälen und in Segmente zerteilen.
3. Für die Marinade den Joghurt und die saure Sahne mit dem restlichen Zitronensaft, dem Sanddornsaft, dem Honig und einer Prise Salz verrühren.
4. Das Hähnchenfleisch, das Gemüse und die Mandarinenstücke unter die Marinade heben und gekühlt 1 Stunde durchziehen lassen.
5. Den Friséesalat nestförmig auf 2 Tellern anrichten, den Hähnchensalat in die Mitte geben. Das Ei in Scheiben schneiden und den Hähnchensalat damit garnieren.

Sauerkrautrohkost

Zubereitungszeit: ca. 5 Min.
2 Portionen
ca. 135 kcal je Portion

200 g mildes Sauerkraut
100 g Mangofruchtfleisch
30 g Brunnen- oder Gartenkresse
150 g Kefir
1 EL Zitronensaft
1 Prise Salz
Pfeffer aus der Mühle
1 Msp. Kümmelpulver
etwas Zucker
1 EL Pinienkerne

1. Das Sauerkraut mit einer Gabel zerteilen. Das Mangofruchtfleisch in Würfel schneiden und zum Kraut geben.
2. Die Kresse waschen, gut abtropfen lassen, grob hacken und unter das Sauerkraut mischen.
3. Kefir, Zitronensaft, Salz, Pfeffer, Kümmel und Zucker verrühren und den Salat mit dem Dressing mischen.
4. Die Pinienkerne in einer Pfanne kurz rösten und über die Rohkost streuen.

Orangensalat

ZUBEREITUNGSZEIT: CA. 15 MIN.
2 PORTIONEN
CA. 150 KCAL JE PORTION

1 Orange (ca. 200 g)
100 g Staudensellerie
50 g Frühlingszwiebeln
10 g Mungobohnenkeimlinge
1 TL Kresse
150 g Magerjoghurt
2 EL Obstessig
etwas Zitronensaft
2 TL Honig
1 Prise Salz
Pfeffer aus der Mühle
1 EL Pistazienkerne
2 EL feingeschnittener Schnittlauch

1. Die Orange schälen und kleinschneiden.
2. Den Staudensellerie und die Frühlingszwiebeln waschen, putzen und kleinschneiden.
3. Die Mungobohnenkeimlinge kurz blanchieren. Die Kresse waschen. Beides zum Salat geben.
4. Joghurt, Obstessig, Zitronensaft, Honig, Salz und Pfeffer verrühren. Die Sauce über den Salat gießen.
5. Mit Pistazienkernen und Schnittlauch bestreuen.

Roastbeefsalat

ZUBEREITUNGSZEIT: CA. 15 MIN.
2 PORTIONEN
CA. 340 KCAL JE PORTION

2 Stauden Chicorée (à 100 g)
200 g Roastbeef in Scheiben
100 g feste Champignons
Zitronensaft
1 säuerlicher Apfel
1/2 Bund glatte Petersilie
1/2 Becher Joghurt
1 EL Weißweinessig
1/2 TL Senf
2 EL saure Sahne
Salz
frisch gemahlener weißer Pfeffer

1. Beim Chicorée den Strunk herauslösen, die äußeren Blätter entfernen. Die Stauden quer in schmale Streifen schneiden.
2. Das Roastbeef in schmale Streifen schneiden. Die Champignons blättrig schneiden und mit Zitronensaft beträufeln.
3. Den Apfel schälen, achteln, vom Kerngehäuse befreien, die Schnitze in Scheiben schneiden und mit Zitronensaft beträufeln. Mit dem Chicorée und den Champignons mischen.
4. Die Petersilie abzupfen und zum Salat geben. Aus Joghurt, Essig, Senf und saurer Sahne eine cremige Sauce schlagen, mit Salz und Pfeffer abschmecken. Über den Salat geben und gründlich mischen.

Fleisch- und Fischgerichte

Gefüllte Rouladen mit Sauerkraut

Zubereitungszeit: ca. 30 Min.
4 Portionen
ca. 270 kcal je Portion

- 4 Schweineschnitzel à 100 g
- 1 TL Salz
- 1 TL Paprika
- 1 Msp. Kümmel
- 125 g Sauerkraut
- 2 EL Speiseöl
- 1 Zwiebel
- 1 TL Tomatenmark
- 1/4 l Fleischbrühe
- 1 Becher Joghurt
- 1 TL Mehl
- 1 EL Schweizer Käse

1. Die Schnitzel klopfen, mit dem Salz, dem Paprika und dem Kümmel bestreuen und das Sauerkraut daraufschichten. Die Schnitzel einrollen und zusammenbinden.
2. Die Rouladen in dem Öl anbraten. Die gewürfelte Zwiebel dazugeben und anrösten.
3. Das Tomatenmark und die Fleischbrühe hinzufügen. Dann etwa 45 Minuten schmoren.
4. Den Joghurt mit dem Mehl verquirlen und in die Sauce einrühren. Die Rouladen mit der Sauce in eine feuerfeste Form geben, den Käse reiben, darüberstreuen und alles kurz überbacken.

Ungarisches Gulasch

Zubereitungszeit: ca. 1 1/4 Std.
4 Portionen
ca. 370 kcal je Portion

- 500 g Schweinefleisch
- 3 Zwiebeln
- 4 EL Speiseöl
- 4 EL Tomatenmark
- 400 g Sauerkraut
- 1/2 l Wasser
- 3 Würfel klare Gemüsebrühe
- 1 Prise Paprikapulver
- 1 Prise Salz
- 1 Prise Zucker
- 1 Becher Joghurt

1. Das Fleisch und die Zwiebeln würfeln und in dem Öl anbraten.
2. Das Tomatenmark und das Sauerkraut hinzufügen und alles kurz schmoren.
3. Mit dem Wasser auffüllen. Die Brühwürfel und den Paprika dazugeben.
4. Das Gericht etwa 1 Stunde auf kleiner Flamme garen. Mit Salz und Zucker abschmecken und zuletzt den Joghurt einrühren. Dazu Salzkartoffeln und einen gemischten Salat servieren.

Fischsülze

Zubereitungszeit: ca. 40 Min.
4 Portionen
ca. 260 kcal je Portion

- 1 kg Kochfisch
- 1 Becher Joghurt
- 6 EL Quark
- 3 EL Speiseöl
- Saft von ½ Zitrone
- 1 TL Senf
- 1 Prise Salz
- 1 Prise Zucker
- 1 Bund Petersilie
- 1 Bund Dill
- 6 Blatt weiße Gelatine
- ⅛ l warmes Wasser
- 1 Ei
- 2 Tomaten

1. Den Fisch garen, enthäuten, entgräten und in kleine Stücke teilen.
2. Den Joghurt mit dem Quark, dem Öl, dem Saft der Zitrone, mit dem Senf, Salz, Zucker und den fein gehackten Kräutern gut mischen.
3. Die eingeweichte und bei geringer Hitzezufuhr aufgelöste Gelatine hinzufügen. Den Fisch und die Joghurtsauce schichtweise in eine Schüssel füllen und kalt stellen.
4. Die erstarrte Masse auf eine Platte stürzen und mit Scheiben des hart gekochten Eies und den Tomaten garnieren.

Eingelegte Heringe

Zubereitungszeit: ca. 25 Min.
4 Portionen
ca. 425 kcal je Portion

- 3 Gewürzgurken
- 3 Zwiebeln
- 250 g Äpfel
- 2 Becher Joghurt
- 125 g saure Sahne
- Saft von ½ Zitrone
- ½ TL Senf
- 1 Prise Salz
- 1 Prise Zucker
- 500 g Salzheringe

1. Die Gurken, die Zwiebeln und die Äpfel in dünne Scheiben schneiden.
2. Mit dem Joghurt und der sauren Sahne mischen.
3. Den Saft der Zitrone, den Senf, Salz und Zucker dazugeben.
4. Die Salzheringe in Stücke teilen und einlegen.

Rotbarschfilet

ZUBEREITUNGSZEIT: CA. 45 MIN.
4 PORTIONEN
CA. 645 KCAL JE PORTION

800 g Rotbarschfilet
2 Zitronen
1 Prise Salz
3 EL Mehl
5 EL Semmelbrösel
3 EL Margarine
100 g geräucherter Lachs in Scheiben
2 Bund Petersilie
300 g Dickmilch
4 EL Mayonnaise
½ Zwiebel
2 Gewürzgurken
2 Eier
1 Bund Schnittlauch
1 Bund Dill
1 Prise Pfeffer
1 Prise Paprika
1 Prise Borretsch
1 Prise Zucker

1. Den Fisch mit dem Saft einer ausgepreßten Zitrone beträufeln, etwas salzen und ziehen lassen.
2. Den Fisch mit dem Mehl und den Semmelbröseln panieren und in Margarine braten.
3. Mit den Lachsscheiben, den Zitronenachteln und der Petersilie verzieren.
4. Die Dickmilch mit der Mayonnaise, der fein gehackten Zwiebel, den fein geschnittenen Gurken und den gewürfelten hart gekochten Eiern mischen.
5. Den Schnittlauch, den Dill und die Petersilie – alles fein gehackt – einrühren.
6. Mit Salz, Pfeffer, Paprika, Borretsch und Zucker abschmecken.

Kabeljaufilet

ZUBEREITUNGSZEIT: CA. 40 MIN.
4 PORTIONEN
CA. 245 KCAL JE PORTION

4 Scheiben Kabeljaufilet
1 Zitrone
½ TL Salz
1 EL Margarine
4 EL Paprikaschnitzel
2 EL gefüllte Oliven
4 Tomaten
2 EL Tomatenmark
1 Bund Petersilie
1 Bund Dill
1 Prise Paprika
1 Prise Pfeffer
1 Becher Joghurt

1. Den Fisch mit dem Saft einer halben Zitrone säuern. Etwas Salz darüberstreuen und ziehen lassen.
2. Die Filets beidseitig in der Margarine braten und auf einer Platte warm stellen.
3. Den Bratenfond in der Pfanne lassen und darin die Paprikaschnitzel, die Oliven, die enthäuteten und klein geschnittenen Tomaten dünsten.
4. Das Tomatenmark und die klein gehackten Kräuter dazugeben. Mit Salz und Pfeffer abschmecken.
5. Die Masse auf die Fischfilets geben, den Joghurt darübergießen und mit Schnitzen der restlichen Zitronenhälfte garnieren.

Seezungenfilet mit Frühlingslauch und Sesam

ZUBEREITUNGSZEIT: CA. 40 MIN.
2 PORTIONEN
CA. 390 KCAL JE PORTION

300 g Seezungenfilet
1 Prise Salz
weißer Pfeffer aus der Mühle
8 Stangen Frühlingszwiebeln
3 EL Butter
3 EL Sesamkörner
100 g Dickmilch
1 EL feingehackter Kerbel

1. Die Seezungenfilets waschen, salzen und pfeffern.
2. Die Frühlingszwiebeln putzen, waschen und in 4 cm große Stücke schneiden.
3. Die Butter leicht erwärmen und die Seezungenfilets damit einpinseln.
4. Die Frühlingszwiebeln in ein Dämpfsieb legen und über Wasser etwa 4 Minuten garen.
5. Die Seezungenfilets darauf legen, mit Sesam bestreuen und nochmals 4 Minuten dämpfen.
6. Die Seezungenfilets und den Lauch auf zwei Tellern anrichten.
7. Von der Dämpfflüssigkeit etwa 80 ml abnehmen. Diesen Teil mit der Dickmilch und dem Kerbel verrühren, mit Salz und Pfeffer würzen und auf dem Teller verteilen.

Fischfilet in Kräuter-Käse-Kruste

ZUBEREITUNGSZEIT: CA. 30 MIN.
2 PORTIONEN
CA. 535 KCAL JE PORTION

2 Rotbarschfilets (à 200 g)
einige Tropfen Worcestersauce
1 Prise Salz
1 Prise Pfeffer
2 EL Weizenvollkornmehl
1 Ei
30 g geriebener Parmesan
2 EL feingehackte Petersilie
2 EL Butter
75 g saure Sahne
75 g Kefir
1 Essiggurke
1 Zwiebel
4 EL feingehackte Kräuter (Kresse, Petersilie, Schnittlauch)

1. Die Fischfilets abwaschen, mit Worcestersauce beträufeln und mit Salz und Pfeffer würzen. Den Fisch etwa 10 Minuten marinieren lassen.
2. Anschließend die Fischfilets mit dem Mehl leicht bestäuben.
3. Das Ei, den Parmesan und die Petersilie verquirlen. Die Fischfilets in dieser Mischung wenden und dann in der Butter von beiden Seiten braten.
4. Die saure Sahne, den Kefir und die feingehackte Essiggurke sowie die geschälte feingehackte Zwiebel mischen.
5. Die Kräuter unter diese Sauce rühren und sie mit Worcestersauce, Salz und Pfeffer kräftig würzen.
6. Die Fischfilets und die Sauce anrichten.

Gemüse- und Kartoffelbeilagen

Gurkengemüse

ZUBEREITUNGSZEIT: CA. 20 MIN.
4 PORTIONEN
CA. 370 KCAL JE PORTION

- 1 kg Schmorgurken
- 2 Zwiebeln
- 60 g Margarine
- ⅛ l Wasser oder Brühe
- 250 g Tomaten
- 250 g gekochter Schinken
- 1 Becher Joghurt
- 1 EL Mehl
- 1 Prise Salz
- 1 Prise Pfeffer
- 1 Prise Zucker
- 1 Bund Schnittlauch

1. Die geschälten Gurken halbieren, die Kerne herausschaben und das Fleisch würfeln.
2. Die Zwiebeln in Scheiben schneiden und mit den Gurken in Fett dünsten. Mit dem Wasser oder mit der Brühe auffüllen und weich kochen.
3. Die enthäuteten Tomaten vierteln, dazugeben und mitgaren. Den Schinken in Würfel schneiden und hinzufügen.
4. Den Joghurt mit dem Mehl verrühren und unterrühren. Mit Salz, Pfeffer und Zucker abschmecken und mit dem fein gehackten Schnittlauch garnieren.

Bunte Farmerpfanne

ZUBEREITUNGSZEIT: CA. 25 MIN.
2 PORTIONEN
CA. 170 KCAL JE PORTION

- 1 Zwiebel
- 100 g rote Paprikaschoten
- 200 g Brokkoli (evtl. TK-Produkt)
- 100 g Karotten
- 100 g Sellerie
- 1 EL Olivenöl
- 1 EL Tomatenmark
- ⅛ l Gemüsebrühe
- 1 Prise Salz
- Pfeffer aus der Mühle
- einige Tropfen Obstessig
- 200 g Magerjoghurt
- 2 EL feingeschnittener Schnittlauch

1. Die Zwiebel schälen, die Paprikaschote putzen und beides in feine Streifen oder Würfel schneiden. Die Brokkoliröschen putzen und in kleine Röschen brechen.
2. Die Karotte und den Sellerie schälen und in feine Streifen schneiden.
3. Das Olivenöl in einer Pfanne erhitzen und das Gemüse unter ständigem Rühren kräftig braten.
4. Das Tomatenmark und die Gemüsebrühe dazugeben und alles bei mäßiger Hitze etwa 6 Minuten dünsten.
5. Mit Salz, Pfeffer und Obstessig kräftig abschmecken. Den Magerjoghurt darunterrühren, alles noch einmal erhitzen, aber nicht kochen lassen.
6. Alles mit Schnittlauch garnieren.

Überbackener Blumenkohl

Zubereitungszeit: ca. 40 Min.
4 Portionen
ca. 200 kcal je Portion

1 großer Blumenkohl
1/8 l Wasser
1/2 TL Salz
8 Tomaten
1 kleine Zwiebel
Kräutersalz
Pfeffer
100 g geriebener Käse
250 g Joghurt
Paprikapulver
2 Bund Petersilie

1. Den geputzten Blumenkohl im Salzwasser knapp gar kochen.
2. Eine gefettete Auflaufform mit Tomatenscheiben auslegen und die in Würfel geschnittene Zwiebel darauf verteilen. Mit Kräutersalz, Pfeffer und der Hälfte des geriebenen Käses bestreuen. Die abgetropften Blumenkohlröschen auf die Käseschicht legen.
3. Den Joghurt kräftig mit Kräutersalz, Pfeffer und Paprika abschmecken, mit der fein gehackten Petersilie verrühren und über den Blumenkohl geben. Den restlichen Käse darüberstreuen.
4. Die Form auf die mittlere Schiene in den kalten Backofen schieben. Den Blumenkohl bei 220 Grad Celsius etwa 20 Minuten überbacken.

Joghurtspinat

Zubereitungszeit: ca. 15 Min.
4 Portionen
ca. 190 kcal je Portion

1 kg Spinat
50 g Butter
1 Prise Salz
1 Prise Muskat
1 Prise Pfeffer
1 1/2 Becher Joghurt

1. Den verlesenen, gewaschenen und abgetropften Spinat in einen großen Topf geben. Dabei die Butter als Flöckchen zwischen den Blättern verteilen.
2. Mit Salz würzen. Den Deckel schließen und den Topf so lange erhitzen, bis der Spinat zusammengefallen ist. Das dauert etwa 3 Minuten.
3. Nun mit Muskat und Pfeffer würzen. Den Topf von der Kochplatte nehmen und den Joghurt unterrühren. Den Spinat nun sofort servieren.

Currylinsen mit gedünstetem Gemüse

Zubereitungszeit: ca. 60 Min.
4 Portionen
ca. 330 kcal je Portion

200 g rote Berglinsen
3 Zwiebeln
1 Knoblauchzehe
10 g frischer Ingwer
4 EL Butter
1 TL Curry
700 ml Gemüsebrühe
100 g Zucchini
100 g rote Paprikaschoten
100 g saure Sahne
3 EL Kefir
1 EL Obstessig
Salz
frisch gemahlener Pfeffer
einige Zweige Oregano und Basilikum

1. Die Linsen waschen und abtropfen lassen. Eine Zwiebel schälen und in Scheiben schneiden. Den Knoblauch und den Ingwer schälen und fein hacken. Zwiebel, Knoblauch und Ingwer in 2 Eßlöffeln Butter andünsten.
2. Den Curry und die Linsen dazugeben und unter Rühren 1 bis 2 Minuten braten.
3. Mit etwa 600 ml Gemüsebrühe auffüllen und die Linsen auf kleiner Flamme 25 bis 30 Minuten garen.
4. Das Gemüse putzen, waschen und in Würfel schneiden. Die restliche Butter erhitzen, das Gemüse darin andünsten, die restliche Gemüsebrühe dazugeben und das Gemüse gar dünsten.
5. Mit Salz, Pfeffer und fein gehackten Kräutern würzen, auf den Linsen anrichten.
6. Die saure Sahne mit dem Obstessig und dem Kefir verrühren und über die Linsen geben.

Gratinierter Staudensellerie

ZUBEREITUNGSZEIT: CA. 30 MIN.
4 PORTIONEN
CA. 160 KCAL JE PORTION

600 g Staudensellerie
300 ml Gemüsebrühe
2 Zwiebeln
1 TL Olivenöl
frisch geriebene Muskatnuß
etwas Salz
frisch gemahlener weißer Pfeffer
150 g saure Sahne
30 g geriebener Emmentaler Käse
2 EL gehackte Walnüsse
2 Tomaten
2 EL Basilikum

1. Den Staudensellerie putzen, waschen, in 10 cm lange Stücke schneiden und in der Brühe bißfest garen.
2. Die Zwiebeln schälen und in feine Würfel schneiden. Das Öl in einer Auflaufform erhitzen und die Zwiebelwürfel darin andünsten.
3. Den Sellerie abtropfen lassen und darauflegen. Mit Muskatnuß, Salz und Pfeffer würzen. Die Sahne mit dem Käse und den Walnüssen verrühren und über den Sellerie geben.
4. Den Backofen auf 220° C vorheizen. Die Tomaten waschen, den grünen Stielansatz entfernen, die Tomaten würfeln, mit dem fein gehackten Basilikum mischen und ebenfalls über die Käsemasse streuen.
5. Den Sellerie 10 Minuten überbacken.

Rotkohlrouladen mit Dinkel

ZUBEREITUNGSZEIT: CA. 1 ½ STD.
4 PORTIONEN
CA. 400 KCAL JE PORTION

2 Zwiebeln
2 EL Olivenöl
200 g grobes Dinkelvollkornschrot
400 ml Gemüsebrühe
2 EL grob gehackte Walnüsse
150 g Quark
1 Bund Kerbel
gemahlener Koriander
etwas Salz
12 blanchierte Rotkohlblätter
frisch gemahlener Pfeffer
1 EL Margarine
¼ l Apfelsaft
100 g saure Sahne

1. Die Zwiebeln schälen, in feine Würfel schneiden und in Olivenöl andünsten. Das Dinkelschrot zufügen und kurz anschwitzen.
2. Die Gemüsebrühe angießen, aufkochen lassen und zugedeckt bei kleiner Hitze 15 bis 20 Minuten kochen, dann auf der ausgeschalteten Herdplatte nachquellen lassen.
3. Inzwischen die Nüsse ohne Fettzugabe in einer heißen Pfanne goldgelb rösten. Den Quark mit ¾ des fein gehackten Kerbels, dem Koriander, Salz und dem Dinkel glatt verrühren.
4. Die Rotkohlblätter mit Salz und Pfeffer würzen. Die Dinkelmasse darauf verteilen und die Blätter zusammen-

rollen. Eventuell mit einem Holzstäbchen zusammenstecken und in Margarine kurz anbraten.
5. Den Apfelsaft zugießen und die Rouladen zugedeckt bei schwacher Hitze 30 Minuten schmoren lassen.
6. Die saure Sahne mit dem restlichen Kerbel verrühren, über die Rouladen geben und mit den Walnüssen garnieren. Den entstandenen Fond zur Roulade servieren.

Kartoffelgratin

ZUBEREITUNGSZEIT: CA. 60 MIN.
4 PORTIONEN
CA. 435 KCAL JE PORTION

750 bis 1000 g Kartoffeln
1 Knoblauchzehe
Butter zum Ausfetten
Kräutersalz
Pfeffer
Muskat
200 g geriebener Käse nach Geschmack (Emmentaler, Appenzeller, Gouda)
2 Becher Joghurt
1 TL Senf
Butterflöckchen

1. Die gewaschenen Kartoffeln mit der Schale kochen, anschließend schälen und dann in Scheiben schneiden.
2. Eine Auflaufform mit einer halbierten Knoblauchzehe ausreiben, dann ausfetten.
3. Eine Schicht Kartoffelscheiben in die Form legen, mit Kräutersalz, Pfeffer, Muskat und etwas geriebenem Käse bestreuen. Die nächste Schicht Kartoffeln darauflegen und wieder mit Gewürzen und Käse bestreuen. So fortfahren, bis alle Kartoffeln verbraucht sind.
4. Den Joghurt mit Kräutersalz, Pfeffer und Senf verrühren, über die Kartoffeln geben und mit einigen Butterflöckchen belegen.
5. Auf die mittlere Leiste in den auf 220 Grad Celsius vorgeheizten Backofen schieben und etwa 20 Minuten backen.

Bircher-Kartoffeln mit Kräuterquark

Zubereitungszeit: ca. 50 Min.
4 Portionen
ca. 290 kcal je Portion

1 EL Kräutersalz
2 EL Kümmel
2 EL Majoran
800 g Kartoffeln
Olivenöl zum Ausfetten und Bepinseln
200 g Quark
100 ml Kefir
100 g saure Sahne
etwas Salz
1 Bund Kräuter (Petersilie, Schnittlauch, Kerbel, Pimpinelle)

1. Das Kräutersalz mit dem Kümmel und dem Majoran mischen. Die Kartoffeln gründlich waschen, trockenreiben, der Länge nach halbieren, jede Hälfte mit der Schnittfläche in die Gewürzmischung tauchen.
2. Die Kartoffeln mit der Schnittfläche nach unten auf ein gefettetes Blech setzen und mit Öl bepinseln. Die restliche Gewürzmischung auf die Kartoffeln streuen. Bei 180 bis 200° C 20 bis 30 Minuten im Ofen backen.
3. Den Quark mit dem Kefir und der sauren Sahne verrühren, mit dem Salz und den fein gehackten Kräutern abschmecken.
4. Die fertigen Kartoffeln mit dem Kräuterquark servieren.

Kräuterküchle mit Käse

Zubereitungszeit: ca. 50 Min.
4 Portionen
ca. 590 kcal je Portion

800 g Kartoffeln
Salz
1 EL Kümmel
150 g feines Weizenvollkornmehl
100 g Quark
2 Eier
frisch gemahlener weißer Pfeffer
frisch geriebene Muskatnuß
1 Prise Paprikapulver
125 g geriebener Käse
1 Bund frische Kräuter (Petersilie, Estragon, Kerbel)
Öl zum Ausbacken

1. Die Kartoffeln gründlich abbürsten, mit wenig Wasser, Salz und dem Kümmel zugedeckt 25 bis 30 Minuten köcheln lassen.
2. Anschließend die Kartoffeln schälen und durch die Kartoffelpresse drücken.
3. Das Vollkornmehl, den Quark und die Eier zu den Kartoffeln geben und gut mischen.
4. Die Mischung mit Salz, Pfeffer, Muskatnuß und Paprika kräftig würzen und zuletzt den Käse und die fein gehackten frischen Kräuter unterziehen.
5. Aus dem Teig kleine Küchlein formen und diese in Öl auf beiden Seiten goldgelb backen.

Aufläufe

Auberginenauflauf

Zubereitungszeit: ca. 1 ¼ Std.
4 Portionen
ca. 700 kcal je Portion

4 Auberginen
1 TL Salz
3 EL Speiseöl
2 Zwiebeln
1 Knoblauchzehe
500 g Schweinehackfleisch
⅛ l Brühe
2 EL Tomatenmark
1 Prise Thymian
1 Prise Rosmarin
1 Prise Salbei
1 Becher saure Sahne
2 EL Mehl
1 Msp. Backpulver
3 Eier

1. Auberginen in Scheiben schneiden, mit Salz bestreuen, ziehen lassen.
2. Dann die Scheiben in Öl backen, eine Zwiebel fein hacken und mit der Knoblauchzehe dazugeben.
3. Aus dem Hack, der Brühe, dem Tomatenmark, einer gewürfelten Zwiebel und den Gewürzen einen Fleischteig herstellen. Die Auberginen und den Fleischteig schichtweise in eine Auflaufform geben. Eine knappe Stunde im Backofen bei 200° C garen.
4. Die saure Sahne, das Mehl, das Backpulver, die Eier und Salz verquirlen und etwa 10 Minuten vor Ablauf der Garzeit über den Auflauf gießen.

Hackfleisch-Sauerkraut-Auflauf

Zubereitungszeit: ca. 1 ½ Std.
4 Portionen
ca. 515 kcal je Portion

500 g Kartoffeln
400 g gemischtes Hackfleisch
2 Zwiebeln
3 EL Speiseöl
1 TL Salz
1 Prise Pfeffer
500 g Sauerkraut
1 TL Wacholderbeeren
2 Becher Joghurt
1 TL Butter

1. Die in der Schale gekochten Kartoffeln in Scheiben schneiden.
2. Das Hackfleisch mit den fein gehackten Zwiebeln mischen und in Öl anbraten. Salz und Pfeffer hinzufügen.
3. Das Fleisch, die Kartoffeln und das Sauerkraut mit den Wacholderbeeren in eine gefettete Auflaufform geben. Den Joghurt über den Auflauf gießen.
4. Von der Butter Flöckchen abstechen und daraufsetzen. Im Backofen etwa 45 Minuten bei 225° C überbacken.

Blumenkohlauflauf

ZUBEREITUNGSZEIT: CA. 1 1/4 STD.
4 PORTIONEN
CA. 260 KCAL JE PORTION

1 Blumenkohl
40 g Margarine
1 EL Mehl
1/4 l Milch
2 Becher Joghurt
1 EL Parmesankäse
1 TL Salz
1 Prise Muskat
1 Eigelb
1 EL Semmelbrösel
1 EL Butter

1. Den in Röschen zerteilten Blumenkohl in Salzwasser garen. In ein Sieb zum Abtropfen geben.
2. Die Margarine in einem Topf schmelzen. Anschließend das Mehl kurz darin anschwitzen und mit Milch und Joghurt ablöschen. Die Mischung einige Minuten köcheln.
3. Den Käse, Salz und die Prise Muskat hinzufügen. Das Eigelb einrühren.
4. Die Blumenkohlröschen in eine gefettete Auflaufform geben und die Joghurtsauce darübergießen.
5. Die Semmelbrösel daraufstreuen. Von der Butter Flöckchen abstechen und auf dem Auflauf verteilen.
6. Im Backofen etwa 50 Minuten bei 200° C garen.

Fischauflauf

ZUBEREITUNGSZEIT: CA. 1 1/4 STD.
4 PORTIONEN
CA. 395 KCAL JE PORTION

4 Fischfilets
Saft von 1 Zitrone
1 Prise Salz
1 Prise Ingwerpulver
1 Zwiebel
2 Stangen Porree (Lauch)
40 g Margarine
200 g Tomaten
2 Becher Joghurt
1 TL Stärke
etwas Salz
1 Prise Pfeffer
1 TL Sojasauce

1. Den Fisch mit dem Zitronensaft beträufeln. Das Salz und das Ingwerpulver darüberstreuen. Den Fisch in eine gefettete Auflaufform legen.
2. Die geviertelte Zwiebel und den in dicke Scheiben geschnittenen Porree im Fett andünsten.
3. Die zerkleinerten Tomaten dazugeben. Das Gemüse auf dem Fisch verteilen.
4. Den Joghurt mit der Stärke verrühren. Salz, Pfeffer und Sojasauce hinzufügen und ebenfalls über den Fisch gießen.
5. Im Backofen etwa 50 Minuten bei 200° C garen.

Nudelauflauf mit Pilzen

ZUBEREITUNGSZEIT: CA. 20 MIN.
2 PORTIONEN
CA. 360 KCAL JE PORTION

1 rote Paprikaschote
1 Apfel (ca. 100 g)
Saft von 1 Zitrone
1 Zwiebel
100 g frische Champignons
30 g gekochter Schinken
200 g bißfest gegarte Eiernudeln (ca. 70 g Trockengewicht)
1 Prise Salz
Pfeffer aus der Mühle
1 Prise Muskatpulver
1 Prise Paprikapulver
4 EL feingehackte Kräuter (Petersilie, Kerbel, Melisse)
1 TL Butter oder Margarine
150 g Magerjoghurt
30 g geriebener Emmentaler

1. Die Paprika waschen, halbieren, entkernen und in Würfel schneiden.
2. Den Apfel waschen, schälen, halbieren und das Kerngehäuse herausschneiden. Den Apfel würfeln und mit Zitronensaft beträufeln.
3. Die Zwiebel schälen und fein hacken. Die Champignons putzen, waschen, gut abtropfen lassen, in Scheiben schneiden und mit Zitronensaft beträufeln.
4. Den Schinken in feine Streifen oder Würfel schneiden. Die vorbereiteten Zutaten zu den Nudeln geben, alles gut mischen und mit Salz, Pfeffer, Muskat und Paprika kräftig abschmecken. Die Kräuter untermischen.
5. Den Backofen auf etwa 190° C vorheizen. Eine Auflaufform mit Butter oder Margarine ausfetten und die Nudelmasse hineingeben.
6. Den Joghurt und den Emmentaler verrühren, gleichmäßig über den Auflauf geben und ihn 10 bis 15 Minuten backen.

Schwarzwurzelauflauf

ZUBEREITUNGSZEIT: CA. 50 MIN.
4 PORTIONEN
CA. 340 KCAL JE PORTION

1 kg Schwarzwurzeln
½ TL Salz
½ TL Margarine
125 g gekochter Schinken
150 g Dickmilch
3 Eier
1 TL Mehl
60 g Emmentaler Käse

1. Die Schwarzwurzeln schaben, waschen und in Salzwasser dünsten. Abtropfen lassen und in eine gefettete Auflaufform geben. Den gewürfelten Schinken darüber verteilen.
2. Dickmilch, Eier, Mehl, den geriebenen Käse, Salz verquirlen und darübergießen. Im Backofen etwa 30 Minuten bei 225° C garen.

Kartoffel-Quark-Auflauf

ZUBEREITUNGSZEIT: CA. 1 ½ STD.
4 PORTIONEN
CA. 345 KCAL JE PORTION

600 g Kartoffeln
etwas Salz
1 EL Kümmel
2 Zwiebeln
250 g Möhren
250 g Schwarzwurzeln
150 g Erbsen
100 g gekochter Schinken
250 g Quark
150 g Kefir
1 Ei
einige Zweige Majoran
frisch gemahlener Pfeffer
frisch geriebene Muskatnuß
Butter zum Ausfetten
1 Bund Schnittlauch

1. Die Kartoffeln unter fließendem Wasser waschen, abbürsten und mit dem Kümmel in Salzwasser 20 bis 30 Minuten gar kochen. Dann schälen und in 1 cm dicke Scheiben schneiden.
2. Inzwischen die Zwiebeln schälen und in Scheiben schneiden.
3. Die Möhren putzen, waschen, eventuell schaben und in feine Scheiben schneiden. Die Schwarzwurzeln schälen, waschen und in Stücke schneiden.
4. Möhren, Schwarzwurzeln und Erbsen kurz blanchieren und mit eiskaltem Wasser abschrecken, damit die Farbe der Gemüse besser erhalten bleibt. Den Schinken würfeln.
5. Den Backofen auf 180° C vorheizen. Den Quark mit dem Kefir, dem Ei und dem fein geschnittenen Majoran glattrühren und mit Salz, Pfeffer und Muskat kräftig würzen.
6. Alle Zutaten schichtweise in eine gefettete Auflaufform geben. Den Quark über den Auflauf verteilen und das Ganze etwa 30 Minuten backen, herausnehmen und mit fein geschnittenem Schnittlauch bestreuen.

Quarkauflauf mit Kirschen

ZUBEREITUNGSZEIT: CA. 60 MIN.
4 PORTIONEN
CA. 720 KCAL JE PORTION

80 g Margarine
120 g Zucker
4 Eier
500 g Quark
150 g Grieß
½ P. Backpulver
geriebene Schale
von 1 unbehandelten Zitrone
1 Glas Sauerkirschen
1 Becher Joghurt
2 EL süße Sahne

1. Die Margarine, den Zucker und die Eigelbe schaumig schlagen.
2. Den Quark, den Grieß, das Backpulver, die Zitronenschale und drei Viertel der Kirschen mit etwas Saft hineinrühren.
3. Die Eiweiße zu Schnee schlagen und unterheben. Die Masse in eine Auflaufform geben und etwa 40 Minuten im Backofen bei 200° C backen.
4. Den Auflauf auf eine Platte stürzen und rundum mit den restlichen Kirschen belegen.
5. Den Joghurt mit der Sahne und etwas Kirschsaft verquirlen und über die Kirschen gießen.

Quark-Pflaumen-Auflauf

ZUBEREITUNGSZEIT: CA. 1 ¼ STD.
2 PORTIONEN
CA. 450 KCAL JE PORTION

2 Eier
40 g Honig
200 g Magerquark
abgeriebene Schale von
½ unbehandelten Zitrone
½ TL Zimt
40 g gemahlene Haselnüsse
½ TL Backpulver
25 g Vollkorngrieß
400 g Pflaumen
1 TL Butter für die Form

1. Den Backofen auf 175° C vorheizen. Die Eier trennen. Die Eigelbe in einer Schüssel schaumig schlagen. Honig, Quark, Zitronenschale, Zimt, Nüsse und Backpulver mit dem Grieß vorsichtig darunterheben.
2. Die Pflaumen halbieren und entsteinen. Die Fruchthälften unter die Quarkmasse heben. Die Eiweiße steif schlagen und ebenfalls unter die Quark-Pflaumen-Masse heben.
3. Eine Auflaufform ausfetten, die Masse hineinfüllen und den Auflauf 50 bis 60 Minuten backen.

Zwischenmahlzeiten

Gurkenjoghurt

ZUBEREITUNGSZEIT: CA. 10 MIN.
4 PORTIONEN
CA. 60 KCAL JE PORTION

½ Salatgurke
1 Bund Petersilie
1 TL Kresse
1 EL Zitronensaft
2 Becher Joghurt
1 Prise Paprika

1. Die halbe Salatgurke in kleine Würfel schneiden.
2. Die Kräuter fein hacken und mit dem Zitronensaft vermengen. Mit dem Joghurt mischen.
3. Die Sauce über die Gurken gießen und mit Paprika bestreuen.

Kräuterjoghurt

ZUBEREITUNGSZEIT: CA. 15 MIN.
4 PORTIONEN
CA. 30 KCAL JE PORTION

1 Becher Joghurt
Saft von ½ Zitrone
1 EL Petersilie
1 EL Schnittlauch
1 EL Dill
1 Prise Salz

1. Den Joghurt mit dem Saft der Zitrone verquirlen.
2. Die Petersilie, den Schnittlauch und den Dill fein hacken und mit Salz hineinrühren.

Gefüllte Tomaten

Zubereitungszeit: ca. 15 Min.
4 Portionen
ca. 140 kcal je Portion

6 feste Tomaten
250 g Knollensellerie
250 g Mohrrüben
1 EL Zitronensaft
1 EL Nüsse
1 Becher Joghurt
1 EL Speiseöl
1 EL saure Sahne
1 Prise Salz
1 Prise Zucker

1. Von den Tomaten den Deckel abschneiden und den anderen Teil aushöhlen.
2. Den Sellerie und die Mohrrüben fein raspeln und mit dem Zitronensaft beträufeln, mit den fein gehackten Nüssen mischen.
3. Den Joghurt mit dem Öl und der sauren Sahne verquirlen. Mit Salz und Zucker abschmecken. Die Rohkost mit der Joghurtsauce mischen und in die Tomaten füllen.

Joghurtmüsli

Zubereitungszeit: ca. 15 Min.
4 Portionen
ca. 120 kcal je Portion

2 Becher Joghurt
1 Apfel
2 EL Weizenflocken
1 EL Zucker
Saft von 1 Zitrone
1 TL Honig
1 TL Nüsse

1. Den Joghurt, den mit Schale geriebenen Apfel, die Weizenflocken und den Zucker mischen.
2. Den Zitronensaft sowie den Honig dazugeben. Die Nüsse reiben und untermischen.

Apfel-Quark-Joghurt

Zubereitungszeit: ca. 10 Min.
4 Portionen
ca. 230 kcal je Portion

2 Becher Joghurt
100 g süße Sahne
250 g Speisequark
2 EL Honig
250 g Äpfel

1. Den Joghurt, die Sahne und den Quark schaumig schlagen. Den Honig einrühren.
2. Die Äpfel fein reiben und unterziehen.

Joghurtsuppe mit Corn-flakes

Zubereitungszeit: ca. 20 Min.
4 Portionen
ca. 250 kcal je Portion

1 P. Vanillepuddingpulver
½ l Milch
1 Becher Joghurt
100 g Kefir
2 Eier
1 unbehandelte Zitrone
2 EL Zucker
1 Prise Salz
4 EL Corn-flakes

1. Das Puddingpulver mit wenig Milch anrühren und in die heiße Milch einrühren, aufkochen und von der Kochstelle nehmen.
2. Den Joghurt und den Kefir mit den Eigelben mischen und unter ständigem Rühren in den Pudding geben.
3. Die Zitronenschale abreiben und mit dem Zucker und dem Salz dazugeben.
4. Die Eiweiße zu Schnee schlagen und vorsichtig unterziehen. Die Cornflakes auf die Suppe streuen.

Studentendickmilch

Zubereitungszeit: ca. 5 Min.
2 Portionen
ca. 270 kcal je Portion

1 EL Haselnüsse
1 EL Mandeln
1 EL Cashewkerne
1 EL Pistazien
25 g Rosinen
300 g Dickmilch
Saft von 1 Zitrone
1 EL Honig
1 Msp. Vanillepulver

1. Die Haselnüsse, die Mandeln, die Cashewkerne und die Pistazien grob hacken. Zusammen mit den Rosinen und der Dickmilch in eine Schüssel geben und alles vermischen.
2. Das Ganze mit Zitronensaft, Honig und Vanillepulver abschmecken.

Frischkornmüsli mit Hafer

Zubereitungszeit: ca. 15 Min.
4 Portionen
ca. 210 kcal je Portion

200 g Äpfel
150 g Joghurt
150 g Kefir
8 EL grobes Hafervollkornschrot
4 TL Sanddornsaft
Saft von 1/2 Zitrone
1 EL Honig
4 TL Kürbiskerne
4 EL Rosinen

1. Die Äpfel waschen, vierteln, das Kerngehäuse entfernen und die Äpfel grob raspeln.
2. Das Obst mit dem Joghurt, dem Kefir, dem Hafervollkornschrot, dem Sanddornsaft und dem Zitronensaft mischen und mit Honig abschmecken.
3. Das Müsli mit Kürbiskernen und den gewaschenen Rosinen bestreuen und sofort servieren.

Aprikosenjoghurt

Zubereitungszeit: ca. 15 Min.
4 Portionen
ca. 165 kcal je Portion

200 g Aprikosen
Saft von 1 Zitrone
2 Becher Joghurt
2 EL Honig
2 Äpfel
1 EL Nüsse

1. Die halbierten Aprikosen entsteinen und mit dem Zitronensaft beträufeln.
2. Den Joghurt mit dem Honig und den fein geriebenen Äpfeln mischen.
3. Die Aprikosen und die Joghurtcreme schichtweise in vier Gläser füllen und mit den fein gehackten Nüssen garnieren.

Haferflockenspeise

ZUBEREITUNGSZEIT: CA. 10 MIN.
4 PORTIONEN
CA. 180 KCAL JE PORTION

2 Becher Joghurt
150 g Kefir
1 EL Honig
1 Banane
1 Apfel
50 g Haferflocken

1. Den Joghurt und den Kefir mit dem Honig mischen.
2. Die in Scheiben geschnittene Banane und den fein geriebenen Apfel dazugeben. Die Haferflocken unterrühren.

Gesundheitsjoghurt

ZUBEREITUNGSZEIT: CA. 10 MIN.
4 PORTIONEN
CA. 120 KCAL JE PORTION

2 Becher Joghurt
1 EL Sojamehl
2 EL Haferflocken
1 EL Weizenkeime
1 EL Honig
1 Apfelsine

1. Den Joghurt mit dem Sojamehl, den Haferflocken und den Weizenkeimen mischen. Den Honig einrühren.
2. Die Apfelsine schälen, zerteilen, in kleine Stücke schneiden und untermengen.

Fünfkornmüsli

Zubereitungszeit: ca. 15 Min.
4 Portionen
ca. 225 kcal je Portion

8 EL grob geschrotete Fünfkornmischung (Weizen, Roggen, Hafer, Gerste, Hirse)
8 ungeschwefelte, getrocknete Aprikosen
100 g Trauben
2 Äpfel
150 g Kefir
2 EL Honig
Saft von 1 Zitrone
1 Banane

1. Das Fünfkornschrot in 8 Eßlöffeln Wasser über Nacht abgedeckt im Kühlschrank einweichen. Die Aprikosen ebenfalls einweichen.
2. Am nächsten Tag die Trauben und die Äpfel waschen, abtrocknen, die Äpfel vierteln, vom Kerngehäuse befreien und in den Brei reiben.
3. Den Kefir, den Honig und 1 Eßlöffel Zitronensaft zufügen und alles locker untermischen. Die Banane schälen, in Scheiben schneiden und mit dem restlichen Zitronensaft beträufeln. Das Müsli mit der Banane, den halbierten Trauben und Aprikosenstücken garnieren.

Früchtemüsli

Zubereitungszeit: ca. 10 Min.
2 Portionen
ca. 330 kcal je Portion

6 EL Hafervollkornschrot (ca. 60 g)
Saft von 2 Orangen
150 g Dickmilch
1 TL Apfeldicksaft
200 g Beeren (z.B. Erdbeeren, Himbeeren, Johannisbeeren, Brombeeren)
1 Msp. Vanillepulver
Saft von ½ Zitrone
1 ½ EL Honig
1 EL Sesam

1. Das Hafervollkornschrot in eine Schüssel geben. Den Orangensaft darübergießen und das Schrot über Nacht im Kühlschrank ausquellen lassen.
2. Am nächsten Morgen das Müsli, die Dickmilch und den Apfeldicksaft verrühren.
3. Die Beeren waschen und unter das Müsli heben.
4. Das Müsli mit Vanillepulver, Zitronensaft und Honig abschmecken.
5. Den Sesam in einer Pfanne ohne Öl bräunen und das Müsli damit bestreuen.

Frischkornmüsli mit Dinkel

Zubereitungszeit: ca. 15 Min.
4 Portionen
ca. 240 kcal je Portion

8 EL grobes Dinkelvollkornschrot
4 TL ungeschwefelte Korinthen
1 Banane
280 g Dickmilch
4 TL Sanddornsaft
200 g Birnen
4 TL gehackte Mandeln
Honig nach Geschmack

1. Das Dinkelvollkornschrot in einer Schüssel mit 8 Eßlöffeln Wasser über Nacht abgedeckt im Kühlschrank einweichen. Die Korinthen ebenfalls in Wasser einweichen.
2. Die Banane schälen und zerdrücken, mit der Dickmilch, den Korinthen, dem Sanddornsaft, den gewürfelten Birnen und dem eingeweichten Schrot mischen.
3. Das Müsli mit den Mandeln bestreuen, mit einigen Früchten garnieren. Eventuell mit Honig nachsüßen.

Müsli mit Roggensprossen

Zubereitungszeit: ca. 15 Min.
4 Portionen
ca. 190 kcal je Portion

4 EL Dickmilch
150 g Joghurt
Saft von 1/2 Zitrone
Zimt
2 EL Honig
2 kleine Äpfel
2 EL grobes Roggenvollkornschrot
4 EL Roggensprossen
2 EL gehackte Walnüsse
100 g Kirschen
2 weiche Datteln

1. Das Roggenvollkornschrot mit 2 Eßlöffeln Wasser verrühren und abgedeckt im Kühlschrank über Nacht quellen lassen.
2. Die Dickmilch mit dem Joghurt, dem Zitronensaft, Zimt und Honig verrühren.
3. Die Äpfel waschen, vierteln, vom Kerngehäuse befreien und dazureiben. Zusammen mit den Roggensprossen unter das Schrot geben.
4. Das Müsli mit den Walnüssen, Früchten und Datteln garnieren.

Zitrusrohkost

Zubereitungszeit: ca. 15 Min.
4 Portionen
ca. 165 kcal je Portion

1 Apfelsine
1 Grapefruit
1 Banane
100 g Kirschen
Salatblätter
1 Becher Joghurt
2 EL Mayonnaise
1 TL Zucker
1 EL Nüsse

1. Die Früchte zerkleinern und in eine Schale geben, die mit Salatblättern ausgelegt wurde.
2. Den Joghurt mit der Mayonnaise und dem Zucker verrühren und mit den fein gehackten Nüssen mischen. Die Sauce über die Früchte gießen. Mit in Scheiben geschnittenen Nüssen garnieren.

Rohkost

Zubereitungszeit: ca. 15 Min.
4 Portionen
ca. 220 kcal je Portion

1 Blumenkohl
250 g Möhren
2 Äpfel
1 Becher Joghurt
Saft von 1 Zitrone
1 EL Speiseöl
50 g Nüsse
1 Prise Salz
1 Prise Pfeffer
1 Prise Fondor
1 Prise Zucker

1. Den in Röschen zerpflückten Blumenkohl, die geraspelten Möhren und die in Scheiben geschnittenen Äpfel mischen.
2. Den Joghurt mit dem Saft der Zitrone, dem Öl und den gehackten Nüssen verrühren.
3. Mit Salz, Pfeffer, Fondor und Zucker abschmecken. Die Joghurtsauce über die Rohkost gießen.

Pikante Quarkspeise

ZUBEREITUNGSZEIT: CA. 10 MIN.
2 PORTIONEN
CA. 230 KCAL JE PORTION

250 g Magerquark
3 EL Kefir
2 Frühlingszwiebeln (ca. 30 g)
2 Essiggurken (ca. 100 g)
1 kleine säuerliche Birne (ca. 100 g)
1 EL Honig
einige Tropfen Obstessig
einige Tropfen Zitronensaft
1 Prise Salz
weißer Pfeffer aus der Mühle
1 Prise Cayennepfeffer
2 EL Kresseblättchen
2 EL feingehackte Haselnüsse

1. Den Quark mit dem Kefir verrühren.
2. Die Frühlingszwiebeln putzen und in feine Streifen schneiden. Die Essiggurken fein hacken. Die Birne schälen und würfeln.
3. Zwiebeln, Gurken und Birne zum Quark geben und alles vorsichtig mischen.
4. Den Quark mit Honig, Obstessig, Zitronensaft, Salz, Pfeffer und Cayennepfeffer kräftig abschmecken.
5. Die Kresse daruntermischen und die Quarkspeise mit den Haselnüssen bestreuen.

Pikantes Kräutermüsli

ZUBEREITUNGSZEIT: CA. 10 MIN.
4 PORTIONEN
CA. 90 KCAL JE PORTION

2 TL Sonnenblumenöl
2 EL Quark
4 EL saure Sahne
½ Zwiebel
4 EL gehackte Kräuter (Estragon, Dill, Basilikum, Kerbel und Petersilie)
8 EL Getreidesprossen (Hafer, Gerste, Roggen)
etwas Salz
je 1 Prise Pfeffer und Paprikapulver

1. Das Öl mit dem Quark und der sauren Sahne glatt rühren.
2. Die Zwiebel schälen, in feine Würfel schneiden. Die Getreidesprossen gut abspülen und abtropfen lassen.
3. Alles unter den Quark mischen und mit etwas Salz und den Gewürzen abschmecken.

Karotten und Zucchini mit Cocktaildip

Zubereitungszeit: ca. 10 Min.
2 Portionen
ca. 155 kcal je Portion

75 g Magerjoghurt
75 g saure Sahne
2 EL Tomatenketchup
1 EL Johannisbeergelee
einige Tropfen Obstessig
einige Tropfen Zitronensaft
etwas Paprika- und Currypulver
1 Prise Salz
weißer Pfeffer aus der Mühle
1 EL gehackte Petersilie
200 g Karotten
200 g Zucchino

1. Den Joghurt mit der sauren Sahne, dem Tomatenketchup und dem Johannisbeergelee verrühren.
2. Das Ganze mit Obstessig, Zitronensaft, Paprika, Curry, Salz und Pfeffer kräftig abschmecken. Die Petersilie zufügen.
3. Die Karotten waschen, schälen und in lange Stifte schneiden. Den Zucchino waschen und ebenfalls in Stifte schneiden.
4. Das Gemüse und die Sauce anrichten.

Staudensellerie mit Edelpilzdip

Zubereitungszeit: ca. 10 Min.
2 Portionen
ca. 390 kcal je Portion

125 g Magerquark
100 g Edelpilzkäse
3 EL Kefir
3 EL Walnüsse
2 EL Kresse
1 Prise Salz
weißer Pfeffer
1 Prise Cayennepfeffer
einige Tropfen Zitronensaft
etwas Honig
400 g Staudensellerie

1. Den Magerquark zusammen mit dem zerbröckelten Edelpilzkäse und dem Kefir in eine Schüssel geben und gut verrühren.
2. Die Walnüsse hacken. Die Kresse waschen und ebenfalls fein hacken. Beides unter den Käse rühren.
3. Das Ganze mit Salz, Pfeffer, Cayennepfeffer, Zitronensaft und Honig kräftig abschmecken.
4. Den Staudensellerie putzen und in lange Streifen schneiden.
5. Das Gemüse und die Sauce anrichten.

Quarktaler

ZUBEREITUNGSZEIT: CA. 30 MIN.
2 PORTIONEN
CA. 205 KCAL JE PORTION

6 Blatt weiße Gelatine
300 g Magerquark
4 EL Kefir
1 kleine Zwiebel
1 Prise Salz
Pfeffer aus der Mühle
30 g feingehackte Kräuter (Estragon, Dill, Kerbel oder Kresse)
einige Tropfen Worcestersauce
75 ml Orangensaft
1 kleine Salatgurke
1 rote Paprikaschote
1 grüne Paprikaschote

1. Die Gelatine in kaltem Wasser einweichen. Den Quark und den Kefir verrühren. Die Zwiebel schälen, fein hacken und zum Quark geben. Alles mit Salz und Pfeffer würzen.
2. Die Kräuter unter den Quark ziehen und ihn mit Worcestersauce abschmecken.
3. Die Gelatineblätter ausdrücken, zusammen mit dem Orangensaft in einen kleinen Topf geben und leicht erwärmen, so daß sich die Gelatine auflöst.
4. Den Saft tropfenweise unter den Quark rühren.
5. Die Salatgurke waschen, in 8 bis 10 cm dicke Stücke schneiden und diese mit dem Apfelausstecher aushöhlen.
6. Von den gewaschenen Paprikaschoten eine Haube abschneiden und das Kerngehäuse herauslösen.
7. Die Gurkenstücke und die Paprikaschoten mit der Quarkmasse füllen und für etwa 2 Stunden in den Kühlschrank stellen.
8. Kurz vor dem Servieren die Paprikaschoten und die Salatgurkenstücke in Scheiben schneiden.

Blinis mit Heidelbeerjoghurt

ZUBEREITUNGSZEIT: CA. 45 MIN.
4 PORTIONEN
CA. 640 KCAL JE PORTION

125 g Weizenmehl Type 405
125 g Buchweizenmehl
½ Würfel frische Hefe
4 EL Zucker
¼ l Kefir
2 Eier
1 Prise Salz
60 g Butter oder Margarine zum Ausbacken
500 g Heidelbeeren
400 g Sahnejoghurt
1 P. Vanillezucker
1 EL Honig

1. Beide Mehlsorten mischen. In die Mitte eine Mulde drücken, zerbröckelte Hefe hineingeben. Zucker darüberstreuen. Kefir lauwarm erhitzen und über die Hefe gießen. Das Ganze sorgfältig verrühren. Den Vorteig zugedeckt 20 Minuten an einem warmen Ort gehen lassen.
2. Die Eier trennen, Salz und Eigelbe zum Hefevorteig geben und alles gut verrühren. Eiweiße steif schlagen und unter den Hefeteig arbeiten. Den Teig nochmals 20 Minuten gehen lassen.
3. ⅔ der Heidelbeeren durch ein Sieb passieren, mit Sahnejoghurt, Vanillezucker und Honig verrühren. Übrige Heidelbeeren darunterheben.
4. Fett in einer Pfanne erhitzen und aus dem Teig kleine dünne Blinis backen; zusammen mit der Joghurt-Masse servieren.

Johannisbeer-Joghurt-Pfannkuchen

ZUBEREITUNGSZEIT: CA. 45 MIN.
4 PORTIONEN
CA. 790 KCAL JE PORTION

350 g Weizenmehl Type 405
80 g Zucker
1 Prise Salz
6 Eier
300 g Vollmilchjoghurt
200 ml Mineralwasser
750 g Johannisbeeren
80 g Butter oder Margarine zum Ausbacken
Puderzucker

1. Mehl, Zucker, Salz und Eier verrühren. Nach und nach Joghurt und Mineralwasser unterrühren und den Teig 20 Minuten quellen lassen.
2. Die Johannisbeeren von Stielen befreien.
3. ⅛ Etwas Fett in einer Pfanne zerlassen. ⅛ des Pfannkuchenteiges hineingeben. ⅛ der Früchte auf dem Teig verteilen. Pfannkuchen von beiden Seiten goldbraun backen und mit Puderzucker bestreuen.

Buchweizenpfannkuchen mit Erdbeerquark

ZUBEREITUNGSZEIT: CA. 1 STD.
4 PORTIONEN
CA. 780 KCAL JE PORTION

125 g Buchweizenmehl
100 g Weizenmehl Type 405
1 P. Vanillesaucenpulver
2 TL Backpulver
1 P. Vanillezucker
1 Prise Salz
4 Eier
½ l Dickmilch
60 g Butter zum Ausbacken
500 g Erdbeeren
500 g Sahnequark
2 EL Honig
2 EL Zitronensaft
1 TL Vanillearoma

1. Das Mehl, Vanillesaucenpulver, Backpulver, Vanillezucker und Salz mischen.
2. Die Eier trennen. Die Eigelbe zum Mehl geben und verrühren. Nach und nach die Dickmilch unterrühren.
3. Die Eiweiße steif schlagen, unter den Teig ziehen und diesen in Butter ausbacken.
4. Erdbeeren im Mixer pürieren und mit dem Quark verrühren. Mit Honig, Zitronensaft und Vanillearoma abschmecken.
5. Die fertigen Pfannkuchen mit der Quarkspeise bestreichen, zur Hälfte zusammenklappen und mit den Erdbeerhälften garnieren.

Dickmilchkuchen

ZUBEREITUNGSZEIT: CA. 1 STD.
ETWA 18 STÜCK
CA. 170 KCAL JE STÜCK

200 g Dickmilch
75 g Margarine
1 Ei
1 ½ Tassen Zucker
300 g Mehl
1 Prise Zimt
1 Prise gemahlene Nelken
2 EL Kakao
1 gestr. TL Backpulvern

1. Die Dickmilch mit der Margarine, dem Ei und dem Zucker schaumig rühren.
2. Das Mehl, die Gewürze, den Kakao und das Backpulver zufügen und alles zu einem glatten Teig verrühren.
3. Den Backofen auf 180° C vorheizen. Eine Kastenform (26 cm lang) fetten, den Teig einfüllen und glattstreichen. Den Kuchen ca. 40 Minuten backen.
4. Den Kuchen etwas auskühlen lassen und dann aus der Form stürzen.

Apfeljoghurt

Zubereitungszeit: ca. 30 Min.
4 Portionen
ca. 285 kcal je Portion

3 Äpfel
3 Becher Joghurt
3 EL Zucker
1 P. Vanillezucker
1 Msp. Zimt
6 Blatt weiße Gelatine
1/8 l warmes Wasser
125 g süße Sahne

1. Die Äpfel reiben und mit dem Joghurt mischen. Den Zucker, den Vanillezucker und den Zimt dazugeben.
2. Die Gelatine einweichen, in dem warmen Wasser auflösen und in die Masse einrühren. In 4 kleine Kompottschälchen füllen und kalt stellen.
3. Vor dem Servieren mit Apfelstückchen oder anderen zerkleinerten Früchten, wie Birne, Apfelsine, Banane, verzieren. Dann Sahneröschen daraufsetzen.

Bananendickmilch

Zubereitungszeit: ca. 10 Min.
4 Portionen
ca. 200 kcal je Portion

2 Bananen
50 g Schokolade
300 g Dickmilch
2 EL Zucker

1. Die Bananen in feine Scheiben schneiden. Die Schokolade raspeln und beides mischen.
2. Die Dickmilch mit dem Zucker mischen und darübergießen. Mit Schokolade garnieren.

Joghurteis

Zubereitungszeit: ca. 10 Min.
4 Portionen
ca. 170 kcal je Portion

200 g Erdbeeren (frisch oder gefroren)
2 Becher Joghurt
100 g Zucker

1. Die Erdbeeren zerdrücken, mit dem Joghurt und Zucker gut mischen und in vier Schälchen füllen. Im Gefriergerät oder im Kühlfach bei mindestens 18° C durchfrieren lassen.
2. Etwa 1/4 Stunde vor dem Servieren die Schälchen herausnehmen und bei Raumtemperatur antauen lassen.

Früchtejoghurt mit Rosinen

Zubereitungszeit: ca. 10 Min.
4 Portionen
ca. 125 kcal je Portion

1 Becher Joghurt
1/4 l Buttermilch
1/4 l Orangensaft
1 unbehandelte Zitrone
2 EL Honig
2 EL Rosinen

1. Den Joghurt, die Buttermilch und den Orangensaft verquirlen. Die Zitrone auspressen und den Saft dazugeben.
2. Von einer halben Zitrone die Schale abreiben und mit dem Honig unterrühren.
3. Die Rosinen hinzufügen. In vier Kompottschälchen füllen und kalt stellen.

Früchtejoghurt mit Pumpernickel

Zubereitungszeit: ca. 15 Min.
4 Portionen
ca. 255 kcal je Portion

1 Becher Joghurt
2 EL Zucker
Saft von 1/2 Zitrone
1 Banane
1 Apfel
1 Apfelsine
75 g Pumpernickel
125 g süße Sahne

1. Den Joghurt mit dem Zucker und dem Saft der Zitrone mischen.
2. Die Früchte kleinschneiden und mit dem fein geriebenen Pumpernickel dazugeben. In vier Kompottschälchen füllen und mit Sahnetupfen verzieren.

Fruchtsalat mit Buttermilch

Zubereitungszeit: ca. 15 Min.
4 Portionen
ca. 195 kcal je Portion

250 g Birnen
Saft von 1 Zitrone
250 g Aprikosen
250 g Pflaumen
3 EL Zucker
150 g Buttermilch
Saft von 1 Apfelsine
1 EL gehackte Haselnüsse

1. Die geschälten, in Scheiben geschnittenen Birnen mit dem Zitronensaft beträufeln.
2. Die entsteinten Aprikosen und die Pflaumen abziehen und in Streifen schneiden.
3. Die Früchte mischen, 2 Eßlöffel Zucker dazugeben, den Obstsalat in vier Kompottschälchen füllen.
4. Die Buttermilch mit dem Saft der Apfelsine sowie 1 Eßlöffel Zucker verquirlen und damit die Früchte begießen. Mit den Nüssen verzieren.

Erdbeersalat mit Dickmilch

Zubereitungszeit: ca. 10 Min.
4 Portionen
ca. 175 kcal je Portion

500 g Erdbeeren
1 Banane
3 EL Zucker
Saft von ½ Zitrone
⅛ l Orangensaft
300 g Dickmilch

1. Die halbierten Erdbeeren und die in Scheiben geschnittene Banane einzuckern, mit dem Saft der Zitrone und dem Orangensaft begießen.
2. Vor dem Servieren die geschlagene, gut gekühlte Dickmilch darübergeben.

Obstsalat mit Corn-flakes

ZUBEREITUNGSZEIT: CA. 15 MIN.
4 PORTIONEN
CA. 140 KCAL JE PORTION

Saft von ½ Zitrone
1 Becher Joghurt
1 EL Honig
1 Apfel
1 Apfelsine
1 Banane
250 g Erdbeeren
20 g Corn-flakes

1. Den Zitronensaft mit dem Joghurt und dem Honig verrühren.
2. Das Obst zerkleinern und mit der Joghurtcreme mischen. In vier Kompottschälchen füllen und die Cornflakes darüberstreuen.

Himbeerjoghurt

ZUBEREITUNGSZEIT: CA. 10 MIN.
4 PORTIONEN
CA. 125 KCAL JE PORTION

2 Becher Joghurt
Saft von ½ Zitrone
geriebene Schale
von ½ unbehandelten Zitrone
3 EL Zucker
1 TL Himbeergeist
200 g Himbeeren

1. Den Joghurt mit dem Saft der Zitrone und der abgeriebenen Schale verrühren.
2. Den Zucker und den Himbeergeist hinzufügen. Die Himbeeren unterheben und das Dessert mit Früchten verzieren.

Joghurt-Bananen-Creme

ZUBEREITUNGSZEIT: CA. 15 MIN.
4 PORTIONEN
CA. 235 KCAL JE PORTION

1 Beutel Dessertschaum
1/8 l Milch
2 Becher Joghurt
1 Banane
Saft von 1/2 Zitrone
2 EL Rum
3 EL Zucker

1. Den Dessertschaum in kalter Milch anrühren und den verquirlten Joghurt dazugeben.
2. Die Banane zerdrücken und leicht schlagen, mit dem Saft der Zitrone beträufeln und unter die Joghurtcreme ziehen. Mit dem Rum und dem Zucker abschmecken.

Dickmilch-Apfel-Speise

ZUBEREITUNGSZEIT: CA. 10 MIN.
4 PORTIONEN
CA. 155 KCAL JE PORTION

300 g Dickmilch
Saft von 1 Zitrone
2 EL Zucker
1 P. Vanillezucker
500 g Äpfel

1. Die Dickmilch mit dem Zitronensaft, Zucker und Vanillezucker verrühren.
2. Die geschälten und entkernten Äpfel grob reiben und vorsichtig unter den die Dickmilch heben, das Dessert kühl servieren.

Buttermilchcreme mit Weintrauben

ZUBEREITUNGSZEIT: CA. 15 MIN.
4 PORTIONEN
CA. 100 KCAL JE PORTION

300 g Buttermilch
geriebene Schale
von 1/2 unbehandelten Zitrone
1 EL Zucker
6 Blatt weiße Gelatine
1/8 l warmes Wasser
250 g blaue Weintrauben

1. Die Buttermilch mit der Zitronenschale und dem Zucker mischen.
2. Die Gelatine einweichen, in dem warmen Wasser auflösen und unter den Joghurt rühren.
3. Die Weintrauben entkernen und in vier Kompottschälchen füllen. Die Joghurtcreme darübergießen. Mit Weintrauben verzieren und kühl servieren.

Joghurtcreme Fürst-Pückler-Art

Zubereitungszeit: ca. 20 Min.
4 Portionen
ca. 195 kcal je Portion

3 Becher Joghurt
2 EL Zucker
2 TL Kakaopulver
Saft und Schale von ½ unbehandelten Zitrone
½ kleines Glas Sauerkirschen
6 Blatt Gelatine
3 TL Kokosraspeln
Kirschen zum Garnieren

1. Für die erste Mischung 1 Becher Joghurt mit ½ Eßlöffel Zucker und dem Kakaopulver verrühren.
2. Für die zweite Mischung ebenfalls 1 Becher Joghurt mit 1 Eßlöffel Zucker, dem Zitronensaft und der -schale verrühren.
3. Für die dritte Mischung die Kirschen ohne Saft im Mixer pürieren, einen Becher Joghurt und einen halben Eßlöffel Zucker hinzufügen.
4. Die Gelatine einweichen und bei milder Hitze auflösen. Jeweils ein Drittel der Gelatine unter jede Joghurtmischung rühren.
5. In einer Pfanne die Kokosraspeln anrösten. Die drei Mischungen schichtweise in vier Gläser füllen, wobei zwischen jede Schicht die gebräunten Raspeln kommen. Jeweils mit einer Kirsche hübsch verzieren.

Zitrusgelee mit Johannisbeersauce

Zubereitungszeit: ca. 25 Min.
2 Portionen
ca. 345 kcal je Portion

4 Blatt Gelatine
⅛ l frisch gepreßter Orangensaft
2 cl Orangenlikör
75 g Zucker
80 ml frisch gepreßter Zitronensaft
150 g rote Johannisbeeren
40 g Puderzucker
3 EL Kefir
Pfefferminze zum Garnieren

1. Die Gelatine in kaltem Wasser einweichen. 80 ml Orangensaft zusammen mit dem Orangenlikör und dem Zucker erwärmen.
2. Den restlichen Orangensaft und den Zitronensaft dazugeben. Die Flüssigkeit in zwei mit kaltem Wasser ausgespülte Tassen gießen und für etwa 1 Stunde kalt stellen.
3. Die Johannisbeeren waschen und die Beeren von den Stielen zupfen. Den Puderzucker und die Johannisbeeren mischen. Den Kefir darunterrühren.
4. Die Johannisbeersauce auf zwei Tellern verteilen. Das Gelee aus den Förmchen stürzen und auf die Johannisbeeren setzen. Mit Pfefferminze garnieren.

Joghurtflammeri

ZUBEREITUNGSZEIT: CA. 20 MIN.
4 PORTIONEN
CA. 220 KCAL JE PORTION

¼ l Milch
2 Eier
4 EL Zucker
2 EL Stärke
1 unbehandelte Zitrone
2 Becher Joghurt

1. Die Milch, die Eigelbe, den Zucker und die Stärke verrühren und alles zusammen kurz aufkochen lassen.
2. Die Eiweiße zu Schnee schlagen und unter die heiße Speise ziehen.
3. Die Zitrone auspressen und den Saft dazugeben. Die Schale abreiben und unter die Masse heben. Den Flammeri erkalten lassen.
4. In den kalten Flammeri den Joghurt einrühren, in vier Kompottschälchen füllen und kalt stellen.

Kirschen mit Dickmilch

ZUBEREITUNGSZEIT: CA. 10 MIN.
4 PORTIONEN
CA. 120 KCAL JE PORTION

250 g Sauerkirschen
2 EL Zucker
300 g Dickmilch

1. Die Kirschen entsteinen und mit Zucker im eigenen Saft dünsten.
2. Die erkalteten Früchte mit der verrührten, gekühlten Dickmilch übergießen.

Buttermilch-Zitronen-Creme

Zubereitungszeit: ca. 15 Min.
4 Portionen
ca. 210 kcal je Portion

500 g Buttermilch
2 Eier
5 EL Zucker
1 P. Vanillezucker
1 unbehandelte Zitrone
6 Blatt weiße Gelatine
1/8 l Weißwein

1. Die Buttermilch, die Eigelbe, den Zucker und den Vanillezucker schaumig rühren.
2. Die Zitrone auspressen und den Saft dazugeben. Von einer halben Zitrone die Schale abreiben.
3. Die Gelatine einweichen, in dem warmen Wein auflösen und in die Creme einrühren. Diese solange in den Kühlschrank stellen, bis sie halbfest ist.
4. Die Eiweiße zu Schnee schlagen und unter die Creme ziehen. In vier Kompottschälchen füllen und kalt stellen.

Beerenjoghurt

Zubereitungszeit: ca. 5 Min.
4 Portionen
ca. 250 kcal je Portion

250 g Blaubeeren
3 EL Zucker
50 g Haselnüsse
3 Becher Joghurt

1. Die Blaubeeren einzuckern. Die Haselnüsse fein zerkleinern und darüberstreuen.
2. Mit dem Joghurt mischen. Anstelle von Blaubeeren lassen sich auch andere Beeren verwenden, wie Himbeeren, Erdbeeren, rote Johannisbeeren oder Brombeeren. Auch ein Früchtecocktail aus der Dose eignet sich gut für dieses Dessert.

Joghurt mit Weinbrand und Kakao

ZUBEREITUNGSZEIT: CA. 5 MIN.
4 PORTIONEN
CA. 110 KCAL JE PORTION

2 Becher Joghurt
2 EL Weinbrand
1 TL Kakaopulver
2 EL Zucker
½ unbehandelte Zitrone

1. Den Joghurt mit dem Weinbrand, dem Kakaopulver und dem Zucker verrühren.
2. Die Mischung in Gläsern anrichten. Mit Zitronenschale garnieren.

Kefirkaltschale

ZUBEREITUNGSZEIT: CA. 20 MIN.
4 PORTIONEN
CA. 410 KCAL JE PORTION

6 EL Zucker
20 g Stärke
2 Eigelb
¼ l Milch
500 g Kefir
1 TL Honig
125 g Früchte der Saison
3 Stück Löffelbiskuit
½ TL Butter
125 g süße Sahne

1. Den Zucker und die Stärke mit den Eigelben und einem Eßlöffel Milch verrühren.
2. Die restliche Milch zum Kochen bringen. Die Masse dazugeben, kurz aufwallen lassen und dann kaltrühren.
3. Mit dem Kefir, dem Honig und den Früchten mischen. In vier Kompottschalen oder auf Teller füllen.
4. Die zerbröckelten Löffelbiskuits in der Butter rösten und auf die Kaltschale geben. Mit Sahneklecksen garnieren.

Joghurt mit Wermut

ZUBEREITUNGSZEIT: CA. 20 MIN.
4 PORTIONEN
CA. 290 KCAL JE PORTION

4 Becher Joghurt
100 ml Wermutwein
1 Eigelb
3 EL Zucker
1 Msp. Zimt
1 unbehandelte Zitrone
250 g Obst
5 EL süße Sahne
½ P. Vanillezucker

1. Den Joghurt, den Wermutwein, das Eigelb, den Zucker und den Zimt verrühren.
2. Die Zitrone auspressen und den Saft dazugeben. Die Zitronenschale abreiben.
3. Die Früchte der Saison in Würfel schneiden und in hohe Gläser füllen. Die Joghurtmischung darübergießen.
4. Mit der geschlagenen Sahne, die mit dem Vanillezucker abgeschmeckt wird, garnieren.

Kefirschaumcreme

ZUBEREITUNGSZEIT: CA. 20 MIN.
4 PORTIONEN
CA. 290 KCAL JE PORTION

2 Eier
125 g Zucker
¼ l schwarzer Johannisbeersaft
⅛ l Rotwein
300 g Kefir
6 Blatt weiße Gelatine
1 P. Vanillezucker

1. Die Eigelbe und den Zucker schaumig rühren, die Hälfte vom Johannisbeersaft, den Rotwein und den Kefir hinzufügen.
2. Die Gelatine einweichen, im restlichen Johannisbeersaft bei milder Hitze auflösen und unter die Creme ziehen. Mit dem Vanillezucker abschmecken.
3. Die Eiweiße zu Schnee schlagen und unter die fest gewordene Creme ziehen.
4. In vier Kompottschälchen füllen und in den Kühlschrank stellen.

Joghurtsülze

ZUBEREITUNGSZEIT: CA. 15 MIN.
4 PORTIONEN
CA. 145 KCAL JE PORTION

2 Becher Joghurt
Saft von ½ Zitrone
2 EL Weinbrand
2 EL Zucker
3 Blatt weiße Gelatine
3 EL warmes Wasser
2 Apfelsinen

1. Den Joghurt, den Zitronensaft, den Weinbrand und den Zucker mischen.
2. Die Gelatine einweichen, mit dem warmen Wasser auflösen und unterheben. In einer flachen Schale in den Kühlschrank stellen.
3. Die feste Masse stürzen und in kleine Teile schneiden. Auf einer Platte anrichten.
4. Die Apfelsinen schälen und zerteilen und die Joghurtsülze damit verzieren.

Griechischer Joghurt mit Honig

ZUBEREITUNGSZEIT: CA. 5 MIN.
4 PORTIONEN
CA. 310 KCAL JE PORTION

500 g griechischer Joghurt (10% Fett)
4 EL flüssiger Honig
5 EL gehackte Walnüsse

1. Den Joghurt verrühren und auf 4 Schälchen verteilen.
2. Jeweils 1 Eßlöffel Honig darübergeben.
3. Jede Portion mit gehackten Walnüssen bestreuen.

Nougat-Joghurt-Creme

ZUBEREITUNGSZEIT: CA. 10 MIN.
4 PORTIONEN
CA. 200 KCAL JE PORTION

1 P. Nougatpudding ohne Kochen
2 Tassen Milch
2 Becher Joghurt
1 Banane
1 TL geriebene Schokolade

1. Den Pudding mit der kalten Milch anrühren und mit dem Joghurt gut mischen.
2. Die Banane in Scheiben schneiden und in vier Kompottschälchen geben. Die Creme darübergeben und kühl stellen.
3. Vor dem Auftragen mit geriebener Schokolade verzieren.

Fruchtcreme

ZUBEREITUNGSZEIT: CA. 15 MIN.
4 PORTIONEN
CA. 190 KCAL JE PORTION

1 Mango
3 Aprikosen
2 TL Zitronensaft
etwas Apfeldicksaft
250 g Dickmilch
100 g Sahne
2 TL Nüsse
1 Zweig Zitronenmelisse
50 g Himbeeren

1. Die Mango schälen, das Fruchtfleisch vom Kern lösen und in Würfel schneiden. Die Aprikosen mit kochendem Wasser überbrühen, kalt abschrecken und die Haut abziehen. Die Aprikosen entkernen und in Spalten schneiden. 4 Spalten zum Garnieren beiseite stellen. Restliche Aprikosen, Mango, Zitronensaft und Apfeldicksaft im Mixer pürieren.
2. Die Dickmilch und die geschlagene Sahne unterheben und die Creme in eine gekühlte Glasschüssel oder mehrere Glasschälchen füllen.
3. Die Creme mit den Aprikosenscheiben, den Nüssen, Zitronenmelisseblättchen und Himbeeren garnieren.

Joghurt-Vanille-Creme

ZUBEREITUNGSZEIT: CA. 15 MIN.
4 PORTIONEN
CA. 220 KCAL JE PORTION

2 TL Stärke
3/8 l Milch
1/2 Stange Vanille
2 Eier
4 EL Zucker
1 Becher Joghurt
2 EL Preiselbeeren

1. Die Stärke mit 3 Eßlöffeln Milch anrühren. Die restliche Milch mit der Vanille zum Kochen bringen und mit angerührter Stärke andicken.
2. Die Eigelbe und den Zucker dazugeben. Unter öfterem Umrühren erkalten lassen.
3. Mit dem Joghurt mischen. Die Eiweiße zu Schnee schlagen und vorsichtig unterheben.
4. In vier Kompottschälchen füllen und die Preiselbeeren darübergeben.

Joghurtsülzchen mit Kirschkompott

ZUBEREITUNGSZEIT: CA. 20 MIN.
4 PORTIONEN
CA. 305 KCAL JE PORTION

3 Becher Joghurt
3 EL Zucker
1 P. Vanillezucker
3 Blatt weiße Gelatine oder
1/2 P. gemahlene Gelatine
2 EL Zitronensaft
400–500 g Süß- oder Sauerkirschen
80–100 g Zucker
1/2 Tasse Wasser
1 Stückchen Stangenzimt
1 geh. TL Speisestärke

1. Den Joghurt mit dem Zucker und dem Vanillezucker glattrühren. Die Gelatine in kaltem Wasser einweichen, wieder gut ausdrücken und in heißem Zitronensaft auflösen.
2. Unter den Joghurt rühren und in vier kalt ausgespülte Tassen oder kleine Förmchen verteilen und im Kühlschrank erstarren lassen.
3. Nach dem Erstarren die Sülzchen kurz in heißes Wasser halten und auf Dessertteller stürzen.
4. Für das Kompott die entsteinten Kirschen mit dem Zucker, dem Wasser und dem Stangenzimt dünsten. Die Speisestärke mit etwas kaltem Wasser anrühren und das Kompott damit leicht binden. Kalt oder warm zu den Joghurtsülzchen reichen.

Rhabarberspeise mit Dickmilch

Zubereitungszeit: ca. 20 Min.
4 Portionen
ca. 210 kcal je Portion

250 g Rhabarber
1 EL Stärke
3 EL Zucker
1 Msp. Zimt
3 EL Quark
300 g Dickmilch
1 TL Honig
5 EL süße Sahne
1 EL Mandeln

1. Den Rhabarber putzen, in Stücke schneiden und kurz kochen. Mit der Stärke dicken, den Zucker und den Zimt dazugeben.
2. Den Quark abtropfen lassen, durch ein Sieb streichen, mit der Dickmilch und dem Honig mischen.
3. Den erkalteten Rhabarber und die Quark-Dickmilch-Creme gut verrühren. In vier Kompottschälchen füllen.
4. Vor dem Servieren mit Tupfen geschlagener Sahne und gehackten Mandeln verzieren.

Schokoladenspeise mit Joghurt-Vanille-Sauce

Zubereitungszeit: ca. 20 Min.
4 Portionen
ca. 540 kcal je Portion

4 Eigelb
100 g Zucker
3/8 l Milch
2 EL Kakaopulver
4 Blatt weiße Gelatine
4 EL warmes Wasser
1 EL Rum
125 g süße Sahne
1 Becher Joghurt
2 Eigelb
5 EL Eierlikör
3 EL Zucker
2 P. Vanillezucker

1. Für die Schokoladenspeise die Eigelbe mit dem Zucker schaumig rühren.
2. Das in Milch aufgelöste Kakaopulver dazugeben und verrühren.
3. Die Gelatine einweichen, in dem warmen Wasser auflösen und mit der Masse mischen. Mit dem Rum verfeinern.
4. Unter die erkaltete Speise die Schlagsahne ziehen.
5. Für die Sauce den Joghurt, die Eigelbe, den Eierlikör, den Zucker und den Vanillezucker verquirlen und kalt stellen.

Gemischter Fruchtsalat mit Nüssen

Zubereitungszeit: ca. 25 Min.
4 Portionen
ca. 450 kcal je Portion

100 g Erdbeeren
1 Birne
1 Mango
2 Kiwis
1 kleine Kantalupe-Melone
50 g gehackte Pistazien
50 g gehackte Walnüsse
60 ml Grand Marnier
125 g Crème fraîche
125 g Buttermilch
1 P. Vanillinzucker
2 EL Honig

1. Die Erdbeeren waschen, gut abtropfen lassen und in eine Schüssel geben.
2. Die Birne halbieren, entkernen und würfeln.
3. Die Mango schälen, das Fruchtfleisch vom Kern lösen, in kleine Würfel schneiden und zu den Beeren geben.
4. Die Kiwis schälen und in kleine Würfel schneiden.
5. Die Melone halbieren und entkernen. Anschließend das Fruchtfleisch herauslösen und ebenfalls in kleine Würfel schneiden.
6. Mit den Kiwis und den Nüssen zu den übrigen Früchten geben und alles vorsichtig miteinander mischen.
7. Den Salat mit dem Grand Marnier aromatisieren und etwa ½ Stunde durchziehen lassen.
8. Anschließend die Crème fraîche mit der Buttermilch, dem Vanillezucker und dem Honig glattrühren.
9. Den Fruchtsalat in Gläsern anrichten, mit der Creme überziehen und servieren.

Grießcreme mit Früchten

Zubereitungszeit: ca. 15 Min.
4 Portionen
ca. 340 kcal je Portion

½ l Milch
1 Prise Salz
60 g Grieß
150 g Buttermilch
50 g Pistazien
60–80 g Zucker
4 Pfirsichhälften
4 EL Erdbeerpüree

1. Die Milch mit der Prise Salz zum Kochen bringen. Den Grieß einstreuen und bei geringer Hitze quellen lassen.
2. Die Buttermilch und die Pistazien unterrühren und mit Zucker abschmecken. Die Masse in vier Gläser oder Schälchen geben.
3. Die Pfirsichhälften auf einem Sieb abtropfen lassen, mit der Wölbung nach unten auf den Grieß legen und mit etwas Erdbeerpüree verzieren.

Früchte mit Dickmilch

ZUBEREITUNGSZEIT: CA. 15 MIN.
2 PORTIONEN
CA. 200 KCAL JE PORTION

300 g Mango
1 Pfirsich
Saft von ½ Zitrone
2 cl Orangenlikör
150 g Dickmilch
2 EL geschlagene süße Sahne

1. Die Mango und den Pfirsich schälen und das Fruchtfleisch kleinschneiden. Das Fruchtfleisch mit Zitronensaft und Orangenlikör beträufeln und auf zwei Tellern anrichten.
2. Die Dickmilch mit der Sahne verrühren und über die Früchte geben.

Birnen-Kefir-Creme

ZUBEREITUNGSZEIT: CA. 20 MIN.
2 PORTIONEN
CA. 340 KCAL JE PORTION

2 saftige reife Birnen
Saft von ½ Zitrone
3 Blätter Gelatine
3 EL Puderzucker
100 g Kefir
3 EL geschlagene süße Sahne
25 g gehackte Walnußkerne

1. Die Birnen schälen, halbieren und entkernen. Eine fächerartig einschneiden, mit Zitronensaft beträufeln und kühl stellen.
2. Die Gelatine in kaltem Wasser einweichen. Die andere Birne zusammen mit dem Puderzucker und dem restlichen Zitronensaft pürieren, die Sauce durch ein Sieb streichen. Sie kurz erhitzen und die ausgedrückte Gelatine darunterrühren.
3. Kefir, Sahne und Birnen verrühren, in Förmchen geben und kühl stellen.
4. Birnen, Walnüsse und Kefircreme anrichten.

Schinken-Tomaten-Sauce

ZUBEREITUNGSZEIT: CA. 20 MIN.
4 PORTIONEN
CA. 160 KCAL JE PORTION
PASST ZU CHICORÉE

150 g Kefir
250 g saure Sahne
1 Scheibe roher Schinken
½ Bund Schnittlauch
1 Prise Zwiebelpulver
1 Prise Knoblauchpulver
2 EL Tomatenketchup
1 EL Zitronensaft
1 Prise Paprikapulver
1 Prise Salz

1. Den Kefir und die Sahne verquirlen und zu gleichen Teilen in zwei Schüsseln gießen.
2. Den Schinken würfeln, den Schnittlauch kleinschneiden und mit dem Zwiebel- und dem Knoblauchpulver in die eine Hälfte des Kefirs einrühren.
3. Den anderen Teil mit dem Tomatenketchup, dem Zitronensaft, Paprika und Salz mischen. Beide Saucen zu Chicoréeblättern reichen.

Käse-Sauce

ZUBEREITUNGSZEIT: CA. 15 MIN.
4 PORTIONEN
CA. 165 KCAL JE PORTION
PASST ZU CHICORÉE-SALAT

1 Becher Joghurt
Saft von ½ Zitrone
150 g Edelpilzkäse

1. Den Joghurt mit dem Saft der Zitrone mischen. Den Edelpilzkäse durch ein Haarsieb drücken und einrühren.

Meerrettich-Apfel-Sauce

ZUBEREITUNGSZEIT: CA. 15 MIN.
4 PORTIONEN
CA. 160 KCAL JE PORTION
PASST ZU BLUMENKOHL UND RADIESCHEN

1 Becher Joghurt
150 g Schmelzkäse
1 EL Meerrettich
1 EL Zwiebelsaft
1 EL Zitronensaft
1 Apfel
1 Prise Kräutersalz
1 Prise Paprikapulver

1. Den Joghurt und den Schmelzkäse cremig verrühren.
2. Meerrettich, Zwiebel- und Zitronensaft sowie den geriebenen Apfel hinzufügen. Mit Kräutersalz und Paprika abschmecken.

Joghurt-Tomaten-Sauce

Zubereitungszeit: ca. 10 Min.
4 Portionen
ca. 35 kcal je Portion
passt zu Chicorée und Endivien

1 Becher Joghurt
1 TL Tomatenketchup
1 Prise Salz
1 Prise Zucker

1. Den Joghurt mit dem Tomatenketchup verquirlen. Mit Salz und Zucker abschmecken.

Meerrettich-Senf-Sauce

Zubereitungszeit: ca. 10 Min.
4 Portionen
ca. 25 kcal je Portion
passt zu Feld- und Endiviensalat

150 g Kefir
1 TL Meerrettich
1 TL Senf
1 TL Zitronensaft
1 Prise Salz
1 Prise Pfeffer
1 TL Salatkräuter

1. Den Kefir mit dem geriebenen Meerrettich, dem Senf und dem Zitronensaft verquirlen.
2. Die Sauce mit Salz, Pfeffer und den Salatkräutern abschmecken.

Eiersauce

Zubereitungszeit: ca. 20 Min.
4 Portionen
ca. 80 kcal je Portion
passt zu Feldsalat

1 Becher Joghurt
1 TL Zitronensaft
1 Prise Salz
1 Prise Pfeffer
1 Prise Zucker
1 Bund Petersilie
1 EL Kapern
1 Zwiebel
2 Eier

1. Den Joghurt mit dem Zitronensaft, Salz, Pfeffer, Zucker und der fein gehackten Petersilie mischen.
2. Die Kapern und die klein gewürfelte Zwiebel einrühren. Die Eier hart kochen und klein geschnitten hinzufügen.

Senfsauce

Zubereitungszeit: ca. 10 Min.
4 Portionen
ca. 35 kcal je Portion
passt zu gemischtem Salat

1 Becher Joghurt
1 EL saure Sahne
1 EL Zitronensaft
1 TL Senf
1 EL Petersilie
1 Msp. Estragon
1 Msp. Paprika

1. Den Joghurt mit der Sahne, dem Zitronensaft und dem Senf verquirlen.
2. Die Kräuter hinzufügen und gut untermischen.

Kräutersauce

Zubereitungszeit: ca. 15 Min.
4 Portionen
ca. 105 kcal je Portion
passt zu gekochtem Rindfleisch

1 Becher Joghurt
3 EL Mayonnaise
1 kleine Zwiebel
1 EL Petersilie
1 EL Schnittlauch
1 EL Borretsch
1 EL Kresse
je 1 Prise Salz und Pfeffer

1. Den Joghurt mit der Mayonnaise verquirlen.
2. Die klein geschnittene Zwiebel und die fein gehackten Kräuter hinzufügen. Mit Salz und Pfeffer abschmecken.

Joghurt-Eier-Sauce

Zubereitungszeit: ca. 20 Min.
4 Portionen
ca. 95 kcal je Portion
passt zu Kartoffelsalat

1 EL Mehl
5 EL Milch
2 Eigelb
1 Becher Joghurt
1 EL Zitronensaft
1 Prise Salz
1 Prise Zucker

1. Das Mehl mit 4 Eßlöffeln Milch anrühren und bei milder Wärme ständig schlagend dicken.
2. Die Eigelbe und die restliche Milch in den nicht mehr kochenden Brei einrühren, bis er erkaltet ist.
3. Den Joghurt mit dem Zitronensaft, Salz und Zucker verquirlen und mit der Sauce mischen.

Schinkensauce

ZUBEREITUNGSZEIT: CA. 15 MIN.
4 PORTIONEN
CA. 430 KCAL JE PORTION
PASST ZU SPARGEL

1 Becher Joghurt
125 g Mayonnaise
1 EL Zitronensaft
175 g roher Schinken
1 Prise Salz
1 Prise Pfeffer
1 EL Weinbrand

1. Den Joghurt mit der Mayonnaise und dem Zitronensaft mischen.
2. Den Schinken durch den Fleischwolf drehen und einrühren. Salz, Pfeffer sowie den Weinbrand hinzufügen und alles gut miteinander verrühren.

Schnittlauchsauce

ZUBEREITUNGSZEIT: CA. 15 MIN.
4 PORTIONEN
CA. 125 KCAL JE PORTION
PASST ZU FLEISCHBÄLLCHEN

150 g Kefir
3 EL Mayonnaise
4 EL Quark
1 Zwiebel
2 Bund Schnittlauch
1 Prise Salz
1 Prise Pfeffer
1 Prise Zucker

1. Den Kefir, die Mayonnaise und den Quark mischen.
2. Die Zwiebel und den Schnittlauch – beides fein geschnitten – dazugeben. Mit Salz, Pfeffer und Zucker abschmecken.

Meerrettichsauce mit Apfel und Kapern

ZUBEREITUNGSZEIT: CA. 15 MIN.
4 PORTIONEN
CA. 100 KCAL JE PORTION
PASST ZU KALTEM RINDFLEISCH

8 Tomaten
1 Becher Joghurt
1 EL saure Sahne
1 EL Mayonnaise
1 TL Zitronensaft
1 Apfel
1 TL Kapern
3 EL Meerrettich
1 Prise Salz
1 Prise Zucker

1. Die Tomaten häuten und vierteln und auf einer Platte anrichten.
2. Den Joghurt, die saure Sahne, die Mayonnaise und den Zitronensaft verquirlen.
3. Den Apfel fein reiben, die Kapern zerkleinern und mit dem Meerrettich hinzufügen. Mit Salz und Zucker abschmecken.

Joghurt-Senf-Sauce

ZUBEREITUNGSZEIT: CA. 15 MIN.
4 PORTIONEN
CA. 40 KCAL JE PORTION
PASST ZU GEGRILLTEM FLEISCH UND FISCH

1 Becher Joghurt
1 EL Zitronensaft
2 EL Senf
1 Gewürzgurke
1 Prise Salz
1 Prise Paprika

1. Den Joghurt mit dem Zitronensaft und dem Senf verquirlen.
2. Die Gurke fein würfeln und mit Salz und Paprika in die Joghurtsauce einrühren.

Gurken-Kräuter-Sauce

ZUBEREITUNGSZEIT: CA. 20 MIN.
4 PORTIONEN
CA. 75 KCAL JE PORTION
PASST ZU GEDÜNSTETEM FISCH

½ Salatgurke
1 EL Butter
2 EL saure Sahne
1 TL Stärke
1 Becher Joghurt
2 EL Zitronensaft
1 Bund Petersilie
1 Bund Dill
1 Prise Salz
1 Prise Pfeffer
1 Prise Zucker

1. Die geschälte und gewürfelte Gurke in der Butter dünsten, die saure Sahne hinzufügen, mit angerührter Stärke binden und aufwallen lassen.
2. Mit dem Joghurt und dem Zitronensaft mischen. Die fein gehackten Kräuter einrühren.
3. Mit Salz, Pfeffer und Zucker abschmecken.

Bunte Kräutersauce

ZUBEREITUNGSZEIT: CA. 15 MIN.
4 PORTIONEN
CA. 50 KCAL JE PORTION
PASST ZU MATJESHERINGEN

150 g Kefir
3 EL saure Sahne
1 EL Zitronensaft
1 TL Senf
1 Tomate
1 Gewürzgurke
1 TL Kapern
1 Bund Petersilie
1 Bund Dill
1 Prise Zucker

1. Den Kefir, die saure Sahne, den Zitronensaft und den Senf verquirlen.
2. Die Tomate klein schneiden, die Gurke und die Kapern zerkleinern und hinzufügen.
3. Die Kräuter fein hacken und mit Zucker unterrühren.

Eier-Curry-Sauce

ZUBEREITUNGSZEIT: CA. 20 MIN.
4 PORTIONEN
CA. 195 KCAL JE PORTION
PASST ZU FONDUE

1 Becher Joghurt
3 EL Mayonnaise
½ TL Curry
4 Eier
1 Gewürzgürkchen
4 Zwiebeln
1 Prise Salz

1. Den Joghurt mit der Mayonnaise und dem Curry gut mischen.
2. Die hart gekochten Eier und die Gurke würfeln, die Zwiebeln fein hacken und hinzufügen. Mit Salz abschmecken.

Curry-Kräuter-Sauce

ZUBEREITUNGSZEIT: CA. 20 MIN.
4 PORTIONEN
CA. 85 KCAL JE PORTION
PASST ZU FONDUE

2 Becher Joghurt
2 EL Zitronensaft
1 TL Senf
½ TL Curry
1 Zwiebel
1 Bund Petersilie
1 Bund Schnittlauch
1 Prise Salz
1 Prise Selleriesalz
1 Prise Pfeffer
1 Ei

1. Den Joghurt mit dem Zitronensaft, dem Senf und dem Curry verquirlen.
2. Die klein geschnittene Zwiebel und die fein gehackten Kräuter hinzufügen.
3. Mit Salz, Selleriesalz und Pfeffer abschmecken. Das klein geschnittene, hartgekochte Ei unterheben.

Radieschen-Schnittlauch-Sauce

ZUBEREITUNGSZEIT: CA. 20 MIN.
4 PORTIONEN
CA. 50 KCAL JE PORTION
PASST ZU FONDUE

150 g Kefir
1 EL Mayonnaise
1 Bund Radieschen
1 Bund Schnittlauch
1 Prise Salz
1 Prise Paprikapulver
1 Prise Pfeffer

1. Den Kefir mit der Mayonnaise verquirlen.
2. Die Radieschen und den Schnittlauch fein hacken und hinzufügen. Mit Salz, Paprika und Pfeffer abschmecken.

Schinken-Senf-Sauce

ZUBEREITUNGSZEIT: CA. 15 MIN.
4 PORTIONEN
CA. 210 KCAL JE PORTION
PASST ZU PELLKARTOFFELN

150 g Kefir
125 g saure Sahne
250 g Quark
125 g roher Schinken
1 EL Senf
1 TL Curry

1. Den Kefir, die saure Sahne und den Quark gut miteinander verrühren.
2. Den Schinken in Streifen schneiden, den Senf sowie den Curry hinzufügen, alles gut mischen.

Frühlingssauce

ZUBEREITUNGSZEIT: CA. 15 MIN.
4 PORTIONEN
CA. 85 KCAL JE PORTION
PASST ZU PELLKARTOFFELN

2 Becher Joghurt
125 g Quark
1 EL saure Sahne
2 Bund Radieschen
½ TL Salz
1 Bund Schnittlauch

1. Den Joghurt, den Quark und die saure Sahne gut verrühren.
2. Die klein geschnittenen Radieschen und Salz dazugeben. Kalt stellen und vor dem Servieren mit dem fein gehackten Schnittlauch bestreuen.

Zwiebel-Kräuter-Sauce

ZUBEREITUNGSZEIT: CA. 15 MIN.
4 PORTIONEN
CA. 125 KCAL JE PORTION
PASST ZU PELLKARTOFFELN

4 Becher Joghurt
1 TL Weinbrand
1 Zwiebel
1 Prise Salz
1 Prise Pfeffer
1 Prise Zucker
1 EL Schnittlauch
1 EL Kresse

1. Den Joghurt und den Weinbrand gut mischen.
2. Die Zwiebel fein reiben und mit Salz, Pfeffer und Zucker zur Sauce geben. Die fein gehackten Kräuter darüberstreuen.

Gewürzsauce

Zubereitungszeit: ca. 15 Min.
4 Portionen
ca. 145 kcal je Portion
passt zu Pellkartoffeln oder kaltem Fleisch

250 g Kefir
125 g saure Sahne
250 g Quark
200 g Gewürzgurken
3 Zwiebeln
3 EL Kapern
1 EL Zitronensaft
1 Prise Pfeffer
1 Prise Salz
1 Prise Zucker

1. Den Kefir, die Sahne und den Quark verrühren.
2. Die Gurken, die Zwiebeln sowie die Kapern fein hacken und dazugeben.
3. Mit Zitronensaft, Pfeffer, Salz und Zucker abschmecken.

Tomaten-Hackfleisch-Sauce

Zubereitungszeit: ca. 20 Min.
4 Portionen
ca. 795 kcal je Portion
passt zu Nudeln

750 g gemischtes Hackfleisch
2 EL Tomatenmark
250 g Zwiebeln
75 g Margarine
1 l Brühe
3 EL Mehl
1 TL Salz
1 Prise Paprikapulver
1 Becher Joghurt
125 g saure Sahne
Paprika, in feinen Würfeln

1. Das Hackfleisch mit dem Tomatenmark und den klein gehackten Zwiebeln anbraten.
2. Die Brühe dazugeben und aufkochen lassen.
3. Das Mehl mit etwas Wasser anrühren, und die Sauce binden. Salz und Paprika hinzufügen.
4. Den Joghurt und die Sahne einrühren. Die Sauce mit Paprikawürfeln garnieren.

Meerrettichsauce

ZUBEREITUNGSZEIT: CA. 5 MIN.
4 PORTIONEN
CA. 70 KCAL JE PORTION
PASST ZU GRÜNEM BLATTSALAT

300 g Dickmilch
Saft von 1 Zitrone
2 EL mittelscharfer Senf
2 EL frisch geriebener Meerrettich
einige Tropfen Worcesterhiresauce
Salz
schwarzer Pfeffer aus der Mühle
1 Prise Zucker
1 geviertelte Gurkenscheibe zum Garnieren

1. Dickmilch, Zitronensaft, Senf und Meerrettich verrühren.
2. Mit Worcesterhiresauce, Salz, Pfeffer und Zucker abschmecken. Die Sauce mit Gurkenstücken garnieren.

Grüne Kefirsauce

ZUBEREITUNGSZEIT: CA. 10 MIN.
4 PORTIONEN
CA. 25 KCAL JE PORTION
PASST ZU BLATTSALATEN

125 g Kefir
1 EL scharfer Senf
Zitronenpfeffer
Salz
2 EL Kresse
1 EL Petersilie

1. Den Kefir mit dem Senf, Zitronenpfeffer und Salz mit dem Handrührgerät kräftig verrühren.
2. Zum Schluß die Kresseblättchen und die gehackte Petersilie darunterziehen.

Kräutercreme

ZUBEREITUNGSZEIT: CA. 5 MIN.
4 PORTIONEN
CA. 260 KCAL JE PORTION
PASST ZU TOMATENSALAT

150 g Crème fraîche
150 g Kefir
2 EL Senf
4 EL Orangengelee
3 EL Weinbrand
je 2 EL gehackte Petersilie, Dill, Estragon, Schnittlauch
Salz
schwarzer Pfeffer aus der Mühle
1 Prise Zucker

1. Crème fraîche, Kefir, Senf und Orangengelee verrühren.
2. Weinbrand sowie Kräuter unterziehen und alles mit Salz, Pfeffer sowie Zucker abschmecken.

Kalte Currysauce

ZUBEREITUNGSZEIT: CA. 15 MIN.
4 PORTIONEN
CA. 75 KCAL JE PORTION
PASST ZU GEGRILLTEM GEMÜSE

½ Banane
250 g Dickmilch
etwas Zitronensaft
½ TL Currypulver
etwas frisch geriebener Ingwer
1 Prise Salz
weißer Pfeffer aus der Mühle
2 EL Kokosflocken

1. Die Banane schälen und pürieren. Die Dickmilch zum Bananenpüree geben und beides im Mixer gut mischen.
2. Die Sauce mit Zitronensaft, Currypulver, Ingwer, Salz und Pfeffer abschmecken.
3. Einen Eßlöffel Kokosflocken unter die Sauce ziehen, die restlichen Kokosflocken über die Sauce streuen.

Würzige Rosinensauce

ZUBEREITUNGSZEIT: CA. 20 MIN.
4 PORTIONEN
CA. 135 KCAL JE PORTION
PASST ZU ROASTBEEF

75 g Rosinen
¼ l Wasser
1 EL Stärke
1 Prise Salz
1 EL Zucker
2 Becher Joghurt
1 EL Essig
1 Prise Majoran
1 TL Worcestersauce

1. Die Rosinen mit dem Wasser aufkochen und mit angerührter Stärke binden. Mit Salz und Zucker abschmecken.
2. Dann den Joghurt mit dem Essig verquirlen. Den Majoran und die Worcestersauce einrühren und Rosinen untermischen.

Tomatendip

Zubereitungszeit: ca. 15 Min,
4 Portionen
ca. 65 kcal je Portion
passt zu Rohkost

100 g Dickmilch
2 EL Crème fraîche
2 EL Magerquark
weißer Pfeffer aus der Mühle
1 TL frisch geriebener Meerrettich
1 Msp. Senf
1 EL Tomatenketchup
1 große Tomate
1 Zweig Estragon
1 Zweig Basilikum

1. Die Dickmilch mit der Crème fraîche und dem Quark glattrühren und die Masse mit Pfeffer, Meerrettich, Senf und Ketchup abschmecken.
2. Die Tomate vom Stielansatz befreien, vierteln, entkernen und das Fruchtfleisch in kleine Würfel schneiden.
3. Von Estragon und Basilikum jeweils die Blättchen abzupfen und diese fein schneiden. Einige Blättchen für die Garnitur beiseite legen. Die Kräuter unter den Tomatendip ziehen.
4. Den Dip in eine Schüssel geben, die Tomatenwürfel darauf plazieren und zum Schluß das Ganze mit Estragon- und Basilikumblättchen garnieren.

Dilldip mit Leinsamen

Zubereitungszeit: ca. 15 Min.
4 Portionen
ca. 100 kcal je Portion
passt zu Rohkost und Pellkartoffeln

100 g Magermilchjoghurt
2 EL Crème fraîche
2 EL Magerquark
weißer Pfeffer aus der Mühle
frisch geriebene Muskatnuß
1 EL Zitronensaft
1 Bd. Dill
1 EL Leinsamen

1. Den Joghurt mit der Crème fraîche und dem Quark glattrühren und die Masse mit Pfeffer und Muskat abschmecken. Den Zitronensaft unterrühren.
2. Vom Dill die Blättchen abzupfen. Einige Zweige für die Garnitur beiseite legen, die restlichen Blättchen fein schneiden und unter die Quarkcreme heben.
3. Die Dillcreme in eine Schale geben. Den Leinsamen darüberstreuen und mit den restlichen Dillzweigen garnieren.

Mixgetränke

Karottenmix

ZUBEREITUNGSZEIT: CA. 5 MIN.
4 PORTIONEN
CA. 85 KCAL JE PORTION

6 EL Karottensaft
2 Becher Joghurt
1 TL Honig
1 TL Zitronensaft
6 EL Apfelsinensaft

1. Den Karottensaft mit dem Joghurt mischen.
2. Den Honig, den Zitronen- und den Apfelsinensaft einrühren.

Saftmix

ZUBEREITUNGSZEIT: CA. 5 MIN.
4 PORTIONEN
CA. 95 KCAL JE PORTION

150 g Kefir
¼ l Apfelsaft
⅛ l Pflaumensaft
1 EL Zitronensaft
1 EL Zucker

1. Den Kefir mit dem Apfel- und dem Pflaumensaft verquirlen.
2. Den Zitronensaft und den Zucker untermischen. In Gläser füllen und servieren.

Honigmix

ZUBEREITUNGSZEIT: CA. 10 MIN.
4 PORTIONEN
CA. 110 KCAL JE PORTION

300 g Buttermilch
¼ l Milch
1 Eigelb
1 TL Honig
1 unbehandelte Apfelsine
1 P. Vanillezucker

1. Die Buttermilch mit der Milch, dem Eigelb und dem Honig verquirlen.
2. Die Schale der Apfelsine abreiben und mit dem Vanillezucker hinzufügen.

Mokkamix

Zubereitungszeit: ca. 10 Min.
4 Portionen
ca. 230 kcal je Portion

4 Becher Joghurt
125 g süße Sahne
1 EL Orangenmarmelade
1 TL Honig
1 TL Zucker
1 Prise Pulverkaffee
1 Prise Zimt

1. Den Joghurt und die Sahne mischen. Die Orangenmarmelade, den Honig und den Zucker gut unterrühren.
2. Den Pulverkaffee und den Zimt hinzufügen, und den Drink gut gekühlt servieren.

Ananas-Erdbeer-Kefir

Zubereitungszeit: ca. 10 Min.
2 Portionen
ca. 140 kcal je Portion

100 g frische Erdbeeren
100 g Ananasstücke
1 EL Waldhonig aus der Dose
250 g gut gekühlter Kefir 1,5% Fett

1. Die Erdbeeren waschen und verlesen. Die Erdbeeren, Ananasstücke und den Honig in einen Mixer geben und gut durchmixen.
2. Den Kefir dazugießen und alles nochmals auf schwächster Stufe mixen.

Aprikosen-Kefir-Drink

Zubereitungszeit: ca. 10 Min.
2 Portionen
ca. 160 kcal je Portion

150 g frische Aprikosen
1 EL Honig
1 TL Vanillezucker
3 EL Orangensaft
250 g kalter Kefir 1,5% Fett
2 Scheiben einer unbehandelten Orange
Zitronenmelisse

1. Die Aprikosen über Kreuz einritzen, mit heißem Wasser überbrühen, enthäuten, halbieren und entsteinen. Die Früchte im Mixer gut pürieren, dann Honig, Vanillezucker und Orangensaft darunterrühren.
2. Den Kefir dazugießen und alles auf kleinster Stufe nochmals mixen.
3. Den Drink in zwei Gläser füllen und mit den Orangenscheiben und der Melisse dekorieren.

Mandarinenshake

ZUBEREITUNGSZEIT: CA. 5 MIN.
2 PORTIONEN
CA. 170 KCAL JE PORTION

1 Dose Mandarinenfilets (175 g)
Saft und abgeriebene Schale von ½ Zitrone
1 gehäufter EL Zucker
250 g kalter Kefir 1,5% Fett
2 Scheiben einer unbehandelten Zitrone oder Orange

1. Die Mandarinenfilets abtropfen lassen. 2 Filets beiseite legen. Die restlichen Früchte mit Zitronensaft und -schale sowie Zucker in den Mixer geben und alles gut durchmixen.
2. Den Kefir dazugießen und alles nochmals auf schwächster Stufe mixen.
3. Den Drink in zwei Longdrinkgläser füllen und an jedes Glas 1 Zitronen- oder Orangenscheibe sowie 1 Mandarinenfilet stecken.

Sanddornmix

ZUBEREITUNGSZEIT: CA. 5 MIN.
4 PORTIONEN
CA. 65 KCAL JE PORTION

500 g Buttermilch
6 EL Sanddornsaft
1 EL Weizenkeime

1. Die Buttermilch mit dem Sanddornsaft gut mischen. Die Weizenkeime unterrühren.

Zitrusmix

ZUBEREITUNGSZEIT: CA. 10 MIN.
4 PORTIONEN
CA. 200 KCAL JE PORTION

2 Apfelsinen
2 Grapefruits
300 g Kefir
2 EL Mandeln
5 EL Honig
Eiswürfel

1. Die Zitrusfrüchte auspressen und mit dem Kefir mischen.
2. Die Mandeln fein mahlen und mit dem Honig dazugeben. Die Eiswürfel in vier Gläser geben und den Zitrusmix vorsichtig darübergießen.

Kiba-Kefir

ZUBEREITUNGSZEIT: CA. 5 MIN.
2 PORTIONEN
CA. 60 KCAL JE PORTION

100 ml Kirschnektar
100 ml Bananennektar
1 Spritzer Zitronensaft
200 g kalter Kefir
6 Bananenscheiben

1. Den Kirsch- und den Bananennektar mit dem Zitronensaft in ein Rührgefäß geben und gut verrühren. Dann den Kefir dazugießen und alles durchmixen.
2. Den Drink in zwei hohe Gläser füllen und an jedes Glas drei Bananenscheiben stecken.

Schonkostmix

ZUBEREITUNGSZEIT: CA. 10 MIN.
4 PORTIONEN
CA. 230 KCAL JE PORTION

2 Eigelb
6 EL Zucker
2 Becher Joghurt
1/4 l Milch
Saft von 1 Zitrone

1. Die Eigelbe und den Zucker gut verschlagen.
2. Den Joghurt, die Milch und den Saft der Zitrone dazurühren.

Pumpernickelmilch

ZUBEREITUNGSZEIT: CA. 5 MIN.
2 PORTIONEN
CA. 195 KCAL JE PORTION

200 g Buttermilch
1/4 l frisch gepreßter Orangensaft
30 g Pumpernickel
1 Msp. Vanillepulver
2 EL Honig
2 EL feingehackte Zitronenmelisse

1. Die Buttermilch zusammen mit dem Orangensaft und dem zerbröselten Pumpernickel im Mixer oder mit dem Pürierstab pürieren.
2. Das Ganze mit Vanillepulver, Honig und Zitronenmelisse abschmecken und anrichten.

Pink Panther

ZUBEREITUNGSZEIT: CA. 5 MIN.
2 PORTIONEN
CA. 230 KCAL JE PORTION

100 ml Kirschnektar
75 ml ungezuckerter Holunderbeersaft
2 TL Honig
1 TL Vanillezucker
300 g kalter Kefir 1,5% Fett
2–3 EL geschlagene Sahne
2 frische Kirschen mit Stiel

1. Den Kirschnektar zusammen mit dem Holunderbeersaft in den Mixer

geben und alles gut durchmixen. Dann Honig, Vanillezucker und Kefir darunterquirlen.

2. Den Drink in zwei hohe Gläser füllen und jeweils mit einem Sahnetupfer sowie einer Kirsche garnieren.

Tropicana

ZUBEREITUNGSZEIT: CA. 10 MIN.
2 PORTIONEN
CA. 130 KCAL JE PORTION

½ rosa Grapefruit
150 g Mangofruchtfleisch
2 EL Orangensaft
1 TL Zucker
250 g eiskalte Buttermilch
2 Kugeln Zitroneneis
Minzeblättchen oder Zitronenmelisse
2 Mangospalten zum Garnieren

1. Die Grapefruithälfte auspressen und den Saft in den Mixer geben. Das Mangofruchtfleisch kleinschneiden und dieses zusammen mit dem Orangensaft und dem Zucker ebenfalls in den Mixer geben. Das Ganze gut durchmixen.
2. Die Buttermilch dazugießen und alles nochmals auf schwächster Stufe mixen. Das Eis in zwei Gläser geben. Den Drink in zwei Gläser füllen und mit Minzeblättchen oder Zitronenmelisse garnieren. Zum Schluß jeweils 1 Mangospalte an den Glasrand stecken oder über das Glas legen.

Kefir-Frucht-Mix

ZUBEREITUNGSZEIT: CA. 10 MIN.
2 PORTIONEN
CA. 170 KCAL JE PORTION

1 vollreife Nektarine
1 Grapefruit
1 Msp. abgeriebene Schale einer unbehandelten Zitrone
1 EL Zucker
250 g kalter Kefir
1 EL Zitronensaft
bunter Hagelzucker

1. Die Nektarine gut waschen, entsteinen, kleinschneiden und in den Mixer geben. Die Grapefruit halbieren, auspressen und den Saft zusammen mit der Zitronenschale und dem Zucker ebenfalls in den Mixer geben. Alles kräftig durchmixen, den Kefir dazugießen und alles verquirlen.
2. Zitronensaft und Hagelzucker jeweils in ein Schälchen geben. Zwei Gläser mit dem Glasrand zunächst in den Saft und dann in den Zucker tauchen. Die Garnierung gut antrocknen lassen. Den Drink vorsichtig in die Gläser füllen.

Hagebuttini

ZUBEREITUNGSZEIT: CA. 5 MIN.
2 PORTIONEN
CA. 190 KCAL JE PORTION

2 EL Hagebuttenkonfitüre (50 g)
100 ml frischgepreßter Blutorangensaft
250 g kalter Kefir 1,5% Fett
1 EL Honig

1. Die Hagebuttenkonfitüre zusammen mit dem Blutorangensaft glattrühren und in den Mixer geben. Kefir und Honig dazugeben und alles durchmixen.
2. Den Drink in zwei schöne Gläser füllen und mit passenden Trinkhalmen servieren.

Jamaica

ZUBEREITUNGSZEIT: CA. 15 MIN.
2 PORTIONEN
CA. 435 KCAL JE PORTION

1 Kokosnuß
200 ml Bananennektar
3 große Scheiben Ananas aus der Dose
1 EL Zucker
1 TL Vanillezucker
250 g kalte Buttermilch

1. Die Kokosnuß mit einem Nagel anstechen und die Kokosmilch in einem Gefäß auffangen. Dann die Kokosnuß vorsichtig halbieren und das Fruchtfleisch von der Schale lösen.
2. 2 Scheiben Ananas kleinschneiden. Fruchtstücke, Kokosfruchtfleisch und Kokosmilch, Bananennektar, Zucker, Vanillezucker und Buttermilch in den Mixer geben und alles kräftig mixen.
3. Den Drink in zwei Gläser füllen und jeweils ½ Ananasscheibe an den Glasrand stecken.
4. Die Kokosschalenhälften mit gestoßenem Eis füllen und die Gläser hineinstellen. Die Drinks mit Trinkhalmen servieren.

Zauberflöte

ZUBEREITUNGSZEIT: CA. 10 MIN.
2 PORTIONEN
CA. 160 KCAL JE PORTION

150 g frische Waldbeeren (Himbeeren, Brombeeren, Heidelbeeren)
3 EL ungezuckerter Holunderbeersaft
2 TL Honig
150 g kalter Kefir 1,5% Fett
1–2 EL geschlagene Sahne

1. Die Waldbeeren waschen und verlesen. 1 Brombeere und 1 Himbeere für die Garnierung beiseite legen. Die restlichen Beeren und den Holunderbeersaft in den Mixer geben, alles kräftig durchmixen, dann die Masse durch ein feines Sieb in ein hohes Rührgefäß streichen. Honig und Kefir kräftig darunterrühren.
2. Den Drink in zwei Gläser füllen und jeweils mit einem dicken Sahnetupfer garnieren. Auf den einen Drink eine Himbeere, auf den anderen eine Brombeere setzen.

Heidelbeer-Kefir-Drink

ZUBEREITUNGSZEIT: CA. 10 MIN.
2 PORTIONEN
CA. 145 KCAL JE PORTION

125 g Heidelbeeren
1 TL Vanillezucker
2 TL Zucker
Saft und abgeriebene Schale von ½ unbehandelten Zitrone
250 g gekühlter Kefir 1,5% Fett

1. Die Heidelbeeren waschen und verlesen. Die Beeren mit Vanillezucker, Zucker und Zitronenschale in den Mixer geben. Alles kräftig durchmixen, bis die Beeren püriert sind.
2. Den Kefir dazugießen und alles nochmals auf kleinster Stufe mixen. Einige Eiswürfel in zwei hohe Gläser geben und den Drink darübergießen.

Ananas auf Eis

Zubereitungszeit: ca. 5 Min.
2 Portionen
ca. 105 kcal je Portion

2 Kugeln Zitroneneis
100 ml Ananassaft oder -nektar
3 EL Bananennektar
250 g kalte Buttermilch
2 Ananasscheibenviertel

1. Zwei hohe Gläser bereitstellen. Je 1 Kugel Eis in ein Glas geben. Den Ananassaft oder -nektar mit Bananennektar und Buttermilch verquirlen.
2. Den Drink in die Gläser gießen. Je ein Ananasscheibenviertel an den Glasrand stecken. Die Drinks mit dicken Strohhalmen servieren.

Happy Hour

Zubereitungszeit: ca. 5 Min.
2 Portionen
ca. 130 kcal je Portion

5 cl Maracujanektar
3 EL Bananennektar
5 cl Orangensaft
1 TL Vanillezucker
2 cl Cointreau
250 g gut gekühlter Kefir 1,5% Fett
1 Orangenscheibe zum Garnieren

1. Die Nektare, Orangensaft, Vanillezucker, Likör und Kefir in ein hohes Rührgefäß geben und alles gut verquirlen.
2. Den Drink in zwei hohe Gläser füllen und an jeden Glasrand jeweils ½ Orangenscheibe stecken.

Fünferlei mit Schuß

Zubereitungszeit: ca. 10 Min.
2 Portionen
ca. 160 kcal je Portion

2 kleine Scheiben Ananas aus der Dose
1 Orange
1 TL Vanillezucker
Saft von 1 Grapefruit
2 cl weißer Rum
1 TL Honig
250 g gut gekühlte Buttermilch

1. Die Ananas kleinschneiden. Die Orange schälen und in Filets teilen. Diese halbieren, mit den Ananasstückchen mischen und den Vanillezucker untermengen.
2. Zum Grapefruitsaft Rum, Honig und Buttermilch geben und alles gut verquirlen. Die Früchte in zwei Gläser geben, den Drink darübergießen.

Himbeertraum

ZUBEREITUNGSZEIT: CA. 5 MIN.
2 PORTIONEN
CA. 175 KCAL JE PORTION

150 g frische Himbeeren
2 EL Zucker
50 ml trockener Weißwein
250 g kalte Buttermilch
1 EL Zitronensaft
etwas Hagelzucker für den Glasrand
einige Blättchen Zitronenmelisse zum Garnieren

1. Die Himbeeren waschen, verlesen und im Mixer zu Mus pürieren. Das Himbeermus durch ein feines Sieb streichen und mit Zucker, Wein und Buttermilch gut verquirlen.
2. Zwei hohe Gläser am Rand mit dem Zitronensaft anfeuchten. Etwas Zucker auf eine glatte Fläche streuen, die Glasränder in den Zucker tauchen, daß dieser daran haften bleibt. Dann das Getränk vorsichtig in die Gläser füllen. Die Drinks mit Zitronenmelisse garnieren.

Firework

ZUBEREITUNGSZEIT: CA. 10 MIN.
2 PORTIONEN
CA. 85 KCAL JE PORTION

1/4 rote Paprikaschote (50 g)
1 kleine Zwiebel
1 EL Zitronensaft
1 TL Meerrettich aus dem Glas
1 TL Ajvar (serbische Paprikapaste)
200 g Kefir 1,5% Fett
gemahlener weißer Pfeffer
Salz
etwas Paprikapulver

1. Paprikaschote und Zwiebel würfeln und zusammen mit Zitronensaft, Meerrettich und Ajvar im Mixer gut verquirlen.
2. Den Kefir dazugießen und auf kleinster Stufe alles nochmals mixen. Zum Schluß das Getränk mit Pfeffer, Salz und Paprika abschmecken.

Robekar

ZUBEREITUNGSZEIT: CA. 5 MIN.
2 PORTIONEN
CA. 65 KCAL JE PORTION

100 ml Rote-Bete-Saft
100 ml ungesüßter Karottensaft
100 g Kefir 1,5% Fett
1 TL Zitronensaft
weißer Pfeffer
Salz
½ TL Honig

1. Gemüsesäfte, Kefir, Zitronensaft, Gewürze und Honig in den Mixer geben und alles kräftig durchmixen.

Tomaten-Drink

ZUBEREITUNGSZEIT: CA. 10 MIN.
2 PORTIONEN
CA. 130 KCAL JE PORTION

½ kleine geschälte Zwiebel
1 kleine geschälte Knoblauchzehe
½ l Tomatensaft
250 g Kefir 1,5% Fett
1 Spritzer Tabasco
gemahlener schwarzer Pfeffer
edelsüßes Paprikapulver
Salz
1 TL gehackte Petersilie

1. Zwiebel und Knoblauchzehe kleinschneiden und zusammen mit dem Tomatensaft in den Mixer geben. Alles kräftig durchmixen.
2. Kefir und Tabasco in den Mixer dazugeben und alles verquirlen.
3. Den Drink mit den Gewürzen sowie mit etwas Salz abschmecken und in zwei hohe Gläser füllen. Mit gehackter Petersilie bestreuen.

Melonen-Kefir-Drink

ZUBEREITUNGSZEIT: CA. 10 MIN.
2 PORTIONEN
CA. 75 KCAL JE PORTION

100 g geschälte Salatgurke
2 EL Zitronensaft
1 TL Meerrettich aus dem Glas
200 g kalter Kefir 1,5% Fett
gemahlener weißer Pfeffer
Salz
150 g Fruchtfleisch einer Wassermelone
6 Gurkenscheiben

1. Die Gurke halbieren und die Kerne mit einem Teelöffel herausschaben. Die Gurkenhälften grob würfeln und in den Mixer geben.
2. Das Fruchtfleisch der Melone von der Schale lösen und würfeln. Zur Gurke in den Mixer geben. Zitronensaft und Meerettich dazugeben und mixen.
3. Den Kefir langsam dazugießen, nochmals alles kräftig mixen und zum Schluß den Drink mit Pfeffer und Salz abschmecken.

Karotten-Cup

ZUBEREITUNGSZEIT: CA. 10 MIN.
2 PORTIONEN
CA. 190 KCAL JE PORTION

150 g Karotten
1 EL Zitronensaft
1 EL Honig
1 Prise Anispulver
250 g Kefir 1,5% Fett
2 EL gemahlene Mandeln

1. Die Karotten putzen, waschen und fein raspeln. Die Karottenraspel zusammen mit Zitronensaft, Honig, Anis und etwa der Hälfte der Kefirmenge in den Mixer geben und alles kräftig durchmixen.
2. Den restlichen Kefir und die Mandeln in den Mixer geben und nochmal kräftig mixen.

Frühjahrsmix

ZUBEREITUNGSZEIT: CA. 10 MIN.
2 PORTIONEN
CA. 55 KCAL JE PORTION

½ Bund Kerbel
½ Bund Petersilie
2 Sauerampferblättchen
150 ml Selleriesaft
1 EL Zitronensaft
150 g Dickmilch 1,5% Fett
gemahlener Pfeffer
Kräutersalz

1. Kerbel, Petersilie und Sauerampfer grob hacken, zusammen mit Selleriesaft und Zitronensaft in den Mixer geben und alles gut durchmixen.
2. Die Dickmilch darunterquirlen und den Drink mit Pfeffer und Kräutersalz abschmecken.

Rezeptverzeichnis

Gut essen und trinken
Fondues
Von U. Bültjer – 128 S., geb.,
133 Fotos, durchgehend vierfarbig.
ISBN: 3-8068-**4759**-2
Preis: DM 19,90; öS 148,–; sFr. 19.90

Gut essen und trinken
Aufläufe
Von A. Ilies –
128 S., geb., 140 Farbfotos.
ISBN: 3-8068-**4700**-2
Preis: DM 19,90; öS 148,–; sFr. 19.90

Gut essen und trinken
Gemüse
Von U. Bültjer –
128 S., geb., ca. 200 Farbfotos.
ISBN: 3-8068-**4795**-9
Preis: DM 19,90; öS 148,–; sFr. 19.90

Gut essen und trinken
Raclette und heißer Stein
Von R. M. Donhauser –
128 S., geb., 141 Farbfotos.
ISBN: 3-8068-**4766**-5
Preis: DM 19,90; öS 148,–; sFr. 19.90

Vegetarisch kochen
Hrsg. von C. Leitzmann – ca. 144 S., kart., durchgehend zweifarbig.
ISBN: 3-635-**60026**-1
Preis: ca. **DM 12,90**; öS 95,–; sFr. 12.90

Über 120 Rezepte ohne Fleisch und Fisch für Vorspeisen, Hauptspeisen und Desserts.

Vegetarisch kochen und genießen
Von C. Leitzmann, K. Dittrich, C. Kurz, G. Kurz – 128 S., geb., 132 Farbfotos.
ISBN: 3-8068-**4715**-0
Preis: DM 36,–; öS 268,–; sFr. 36.–

Ein Buch, das zeigt, wie man sich gesund ernähren kann, ohne allzuviel Zeit investieren zu müssen. Mit leichten, gesunden Rezepten, die schnell und einfach zubereitet werden können.

Preiswert kochen
Hrsg. E. Fuhrmann – ca. 136 S., kart.
ISBN: 3-635-**60025**-3
Preis: ca. **DM 12,90**; öS 95,–; sFr. 12.90

Zum preiswerten Kochen gehören auch der günstige Einkauf und das sachgerechte Lagern und Einfrieren der Lebensmittel. Und natürlich jede Menge Rezepte mit den Köstlichkeiten der Saison.

Mikrowellen-Kochbuch
Von B. Pfeiffer – ca. 128 S., kart.
ISBN: 3-635-**60008**-3
Preis: ca. **DM 12,90**; öS 95,–; sFr. 12.90

Alles Wissenswerte über die moderne und schnelle Form des Kochens. Mit Erläuterungen zu Technik und Einsatzmöglichkeiten und natürlich vielen abwechslungsreichen Mikrowellenrezepten.

Gesund und schlank nach Dr. Hay
Das große Buch der Trennkost
Neue Rezepte von Ursula Summ

Von U. Summ –
128 S., geb., 116 Farbfotos.

ISBN: 3-8068-**4498**-4

Preis: DM 29,90; öS 220,–; sFr. 29.90

Jetzt kann man unbesorgt genießen, was auf den Tisch kommt, denn dieses Buch präsentiert jede Menge ausgewogene und gesunde Rezepte, für jeden Geschmack das richtige.

Gesund leben nach Dr. Hay
Schlank durch Trennkost
Neue Rezepte von Ursula Summ

Von U. Summ –
96 S., kart., 52 Farbfotos.

ISBN: 3-8068-**4475**-5

Preis: DM 19,90; öS 148; sFr. 19.90

Im Mittelpunkt dieses Buches steht die cholesterinarme Trennkost. Mit einer Übersicht über kohlehydrat- und eiweißreiche und mit beiden kombinierbare neutrale Lebensmittel.

Einfach gut
Das kleine 1 x 1 der Trennkost

Von S. Carlsson – 64 S., kart.,
58 Fotos, durchgehend vierfarbig.

ISBN: 3-8068-**1428**-7

Preis: DM 9,90; öS 73,–; sFr. 9.90

Alles über das abwechselungsreiche, kalorienarme und vollwertige Ernährungskonzept.

Schlankwerden nach Dr. Hay
Trennkost
Die bewährten Rezepte
von Ursula Summ

Von U. Summ –
96 S., kart., 54 Farbfotos.

ISBN: 3-8068-**4298**-1

Preis: DM 19,90; öS 148,–; sFr. 19.90

Viele schmackhafte Vollwertrezepte zeigen, daß es sich hier keineswegs um eine Schlankheitskur für Übergewichtige, sondern um eine vielseitige und reichhaltige Ernährung für die ganze Familie handelt.

Alles über die Haysche Trennkost
Wie sie funktioniert
Was sie bewirkt
Wie ich sie durchführe
Mit 60 Erfolgsrezepten

Von Th. M. Heintze –
112 S., geb., 146 Farbfotos.

ISBN: 3-8068-**4771**-1

Preis: DM 29,90; öS 220.–; sFr. 29,90

Viele essen und leben nach den Richtlinien der Trennkost. Doch über ihre Entstehungsgeschichte und über die Wirkung dieser Ernährung auf uns und unseren Körper ist den meisten wenig bekannt. Dieses Buch gibt auf alle Fragen umfassende Antworten. Über 60 Rezepte und ein ausführlicher Trennungsplan runden die Informationen ab.

Ratgeber für Reiter
Reiten im Bild
Von H. Werner – 128 S., geb.,
142 Farbfotos, 104 Farbzeichnungen.
ISBN: 3-8068-**4847**-5
Preis: DM 29,90; öS 220,–; sFr. 29.90

Umfassend: die Grundausbildung des Reiters in Springen, Dressur und Geländeritt. Anschaulich: Über 240 Abbildungen zeigen, wie es gemacht wird.

Weitere Titel:
4792-4 Reiten im Geände
4797-5 Ich will reiten lernen
1556-9 Fit im Sattel
4716-9 Reiten auf Gangpferden
2322-7 Reiten

Golf
Neue Wege zum erfolgreichen Spiel
Von O. Heuler – 144 S., geb.,
246 Farbabbildungen.
ISBN: 3-8068-**4509**-3
Preis: DM 59,90; öS 440,–; sFr. 59.90

Dem Anfänger werden Elementarkenntnisse zu Technik und Taktik des Golfspiels vermittelt, der Fortgeschrittene erhält Ratschläge zur Weiterentwicklung und Festigung seines Spiels. Fotoserien vom Golfplatz helfen beim Erlernen der richtigen Spieltechnik.

Krafttraining
Von W. Kieser –
104 S. kart., mit Illustrationen
ISBN: 3-635-**60011**-3
Preis: DM 12,90; öS 95,–; sFr. 12.90

Die praxisnahen Trainingspläne ermöglichen ein problemloses Anpassen der einzelnen Übungen an individuelle Bedürfnisse.

Gesund und fit durch Gymnastik
Hrsg. U. Birkner – 88 S., kart.
ISBN: 3-8068-**1547**-X
Preis: DM 12,90; öS 95,–; sFr. 12.90

Das Buch enthält Gymnastikprogramme für Frauen, die fit, gesund und aktiv sein möchten. Sie finden über 100 präzise erläuterte und durch Fotos veranschaulichte Übungen, die nach Körperzonen geordnet sind.

Streetball
Technik, Taktik, Spiel
Von J. Benzler, T. Paganetti – 80 S., kart., 44 Fotos, 39 Farbzeichnungen, durchgehend vierfarbig.
ISBN: 3-8068-**1465**-1
Preis: DM 19,90; öS 148,–; sFr. 19.90

Streetball ist in! Die vereinfachte Variante des Basketballspiels erfreut sich unter Jugendlichen größter Beliebtheit. Kampagnen der Sportartikelindustrie und öffentlich ausgetragene Wettkämpfe sorgen für Aufsehen.

Fit forever
Körpergerechte Trainingsprogramme für Spaß und Wohlbefinden
Von M. Sauer, J. Schuhn – 112 S., kart., zahlr. Fotos, durchg. vierfarbig.
ISBN: 3-8068-**1602**-6
Preis: DM 19,90; öS 148,–; sFr. 19.90

Übungen zur Verbesserung von Ausdauer, Kraft und Beweglichkeit nach aktuellsten Forschungsergebnissen aus der Sportmedizin. Jeder kann ohne Risiko mittrainieren und sich „fit forever" halten.

Aktiv und gesund
Wirbelsäulengymnastik
Von L. Keller – 40 S., kart., 109 Farbfotos, 8 Ausklapptafeln.
ISBN: 3-8068-**1246**-2
Preis: DM 29,90; öS 220,–; sFr. 29.90

Rückentraining und Wirbelsäulengymnastik stärken das Rückgrat. Dieses Buch gibt praktische Anleitungen für korrekte Körperhaltung, gesunden Freizeitsport und beinhaltet wirkungsvolle Übungsprogramme.

Aktiv und gesund
Fitneßtraining
Von M. Schreiber –
32 S., Spiralbindung, 84 Farbfotos.
ISBN: 3-8068-**1245**-4
Preis: DM 29,80; öS 220,–; sFr. 29.90

Das Buch bietet ein maßgeschneidertes Trainingsprogramm für Frauen, die zu Hause und ohne großen Geräteaufwand etwas für Figur und Gesundheit tun wollen.

Aktiv und gesund
Aerobics
Von M. Freytag-Baumgartner –
44 S., Spiralbindung, 84 Farbfotos, 8 Ausklapptafeln.
ISBN: 3-8068-**1421**-X
Preis: DM 29,90; öS 220,–; sFr. 29.90

Mit Low-Impact, High-Impact und Step-Aerobic werden die wichtigsten Trainingsformen dieser beliebten Gymnastikart ausführlich in Wort und Bild dargestellt.

Bodybuilding für Frauen
Von E. Wanghofer –
88 S., kart., zahlreiche Abbildungen.
ISBN: 3-8068-**1510**-0
Preis: DM 12,90; öS 95,–; sFr. 12.90

Auf dem Weg zur Idealfigur kann Bodybuilding eine wertvolle Hilfe sein. Das Buch stellt speziell für Frauen geeignete Übungsprogramme vor.

Fit und gesund
Von S. Starischka, F.-J. Bredel –
112 S., kart., durchgehend vierfarbig.
ISBN: 3-8068-**1555**-0
Preis: DM 19,90; öS 148,–; sFr. 19.90

In diesem Buch zeigen renommierte Sportwissenschaftler, wie man mit Hilfe von Heimtrainingsgeräten fit und gesund bleibt. Professionelle Trainingsprogramme geben wertvolle Anregungen für Anfänger und Fortgeschrittene.

freundin – Der große Ratgeber
Hochzeit feiern
Die Planung – Das Fest – Der Start ins gemeinsame Leben
Von C. von Hörner-Nitsch, I. Weber, K. Riebartsch, C. von Bernuth – 128 S., geb., 184 Farbfotos.
ISBN: 3-8068-**4702**-9
Preis: DM 39,90; öS 295,–; sFr. 39.90

Ob Sie ein rauschendes Fest feiern oder diesen Tag zu zweit genießen möchten, hier finden Sie klassische und ausgefallene Vorschläge für die Festgestaltung. Organisationspläne, Checklisten und Kostenvoranschläge helfen bei den Vorbereitungen. Sie erhalten detaillierte Auskunft über Formalitäten, Bürokratisches und Juristisches und erfahren Wissenswertes für das Eheleben.

Spiele für Hochzeitsfeiern
Von der grünen bis zur goldenen Hochzeit
Von E. und H. Bücken – 120 S., kart., zahlr. Zeichng., durchg. vierfarbig.
ISBN: 3-8068-**1530**-5
Preis: DM 19,90; öS 148,–; sFr. 19,90

Hochzeiten feiern kann man vielfach in einem Eheleben – von der „eigentlichen" Hochzeit bis weit über die goldene hinaus. Das Buch hilft dabei, diese Feste zu unvergeßlichen Feiern werden zu lassen.

Die Silberhochzeit
Von K. F. Merkle – 120 S., kart.
ISBN: 3-635-**60010**-5
Preis: DM 12,90; öS 95,–; sFr. 12.90

Tips zur Festvorbereitung und zahlreiche Vorschläge zur ganz persönlichen Gestaltung dieses Festtages lassen die Silberhochzeit zu einem außergewöhnlichen Ereignis werden.

Herzliche Glückwünsche!
Die schönsten Gedichte und Texte für viele Gelegenheiten
Hrsg. B. H. Bull – 256 S., geb., 50 Zeichnungen.
ISBN: 3-8068-**0942**-9
Preis: DM 19,90; öS 148,–; sFr. 19.90

Für dieses Buch wurden mit viel Geschmack die schönsten Gedichte und Prosatexte von Goethe und Schiller bis hin zu Ringelnatz und James Krüss zusammengestellt. Freude beim Vortragen und Zuhören auf Familienfeiern und festlichen Anlässe ist garantiert.

Großes Buch der Glückwünsche
Von O. Fuhrmann – 176 S., kart., 77 Zeichnungen.
ISBN: 3-8068-**0255**-6
Preis: DM 14,90; öS 110,–; sFr. 14.90

Dieser unentbehrliche Ratgeber enthält eine Fülle von Anregungen für persönliche und förmliche Glückwunschschreiben für alle Gelegenheiten. Mit vielen Vorschlägen zur Gestaltung.

Reden zur Hochzeit
Von G. Georg – 112 S., kart.
ISBN: 3-8068-**0654**-3
Preis: DM 9,90; öS 73,–; sFr. 9.90

Die Ansprachen in diesem Buch können entweder unverändert übernommen oder individuell ergänzt und geändert werden. Wer immer aus der Familie oder dem Freundeskreis eine Rede halten will, findet hier viele Ratschläge zur Vorbereitung der Ansprache und zur Vortragsweise.

Spielend Skat lernen
Von Th. Krüger –
120 S., kart., 203 Abbildungen.
ISBN: 3-8068-**2005**-8
Preis: DM 14,90; öS 110,–; sFr. 14.90

Das Buch geht anhand zahlreicher Partien und Analysen auf alle Regeln und die Probleme des Spiels ein. Entscheidungen des Skatgerichts und ein kleines Skatlexikon runden das Buch ab.

Spieltechnik im Bridge
Von V. Mollo, M. Gardener –
152 S., kart.
ISBN: 3-8068-**2004**-X
Preis: DM 29,90; öS 220,–; sFr. 29.90

Neben einer Einführung in die Grundlagen präsentiert das Buch eine überaus einfache Methode zur Erläuterung der wichtigen Regeln des Bietens.

Kreuzworträtsellexikon
Von D. Bein – 280 S., kart.
ISBN: 3-635-**60024**-5
Preis: ca. **DM 14,90;** öS 110,–; sFr. 14.90

Alles, was der Rätselfan braucht – über 60.000 alphabetisch geordnete Suchbegriffe. Besonders praktisch: als Taschenbuch überall griffbereit.

Spielend Go lernen
Von H. Otake, S. Futakuchi –
192 S., kart., 615 Diagramme.
ISBN: 3-8068-**2041**-4
Preis: DM 24,80; öS 185,–; sFr. 24.90

Mit immensem Fachwissen und einem überzeugenden didaktischen Konzept machen die Autoren das Erlernen dieses komplexen Spiels zu einem Erlebnis.

Patiencen
Von I. Wolter-Rosendorf –
ca. 120 S., kart.
ISBN: 3-635-**60020**-2
Preis: ca. **DM 10,90;** öS 80,–; sFr. 10.90

Das Buch präsentiert zahlreiche Auslage-Varianten für Anfänger und Fortgeschrittene und stellt Patiencen für zwei Personen vor.

Kinder- und Jugendschach
Von B. J. Withuis, H. Pfleger – 144 S., kart., 220 Zeichnungen und Diagramme.
ISBN: 3-8068-**0561**-X
Preis: DM 16,80; öS 125,–; sFr. 16.90

Offizielles Lehrbuch des Deutschen Schachbundes zur Erlangung der Bauern-, Turm- und Königsdiplome.

Das Süßwasseraquarium
Von J. Etscheidt – 224 S., geb., durchgehend vierfarbig.
ISBN: 3-8068-**4752**-5
Preis: DM 49,90; öS 370,–; sFr. 49.–

Das Buch liefert allen Aquarianern umfassende Informationen zu artgerechter Tierhaltung, richtiger Pflanzenpflege und optimaler Wasserchemie.

Die Katze in der Familie
Von U. Birr –
136 S., kart., 112 Farbfotos.
ISBN: 3-8068-**1076**-1
Preis: DM 16,90; öS 125,–; sFr. 16.90

Alles, was Katzenliebhaber wissen müssen über die Bedürfnisse und Launen ihrer Hausgenossen im Zusammenleben mit Menschen.

Wellensittiche
Von H. Bielfeld – 144 S., geb., durchgehend vierfarbig.
ISBN: 3-8068-**4840**-8
Preis: ca. **DM 39,90;** öS 295,–; sFr. 39.90

Das Buch informiert über alle wichtigen Themen aus den Bereichen Haltung, Pflege, Ernährung und Zucht. Dazu gehören auch Tips zum Sprechunterricht und Ratschläge für den Krankheitsfall.

Erfolgreiche Hundeerziehung
Von U. Birr – 112 S., geb., durchgehend vierfarbig.
ISBN: 3-8068-**4808**-4
Preis: DM 29,90; öS 220,–; sFr. 29.90

Unter Berücksichtigung neuester wissenschaftlicher Erkenntnisse zur artgerechten Hundehaltung bietet das Buch umfassende Hilfe bei der Erziehung der Vierbeiner – auch bei Problemhunden.

FALKEN VIDEO
Erfolgreiche Hundeerziehung
Von U. Birr – VHS, ca. 45 Minuten, in Farbe.
ISBN: 3-8068-**6198**-6
Preis: DM 49,95; öS 399,–; sFr. 49.90
(unverbindliche Preisempfehlung)

Das Video zum Buch. Wer seinen Hund zu einem echten Partner erziehen oder einen schwierigen Hund umerziehen will, dem bietet dieses Video hilfreichen Anschauungsunterricht.

West Highland White Terrier
Von H. Rogner – 96 S., kart., durchgehend vierfarbig.
ISBN: 3-8068-**1514**-3
Preis: DM 16,90; öS 125,–; sFr. 16.90

Diese Rasse mit dem freundlichen Wesen begeistert immer mehr Hundefreunde. Interessierte finden hier alles Wissenswerte über die Anschaffung und das Zusammenleben mit dem „Westie“.